DAXUESHENG CHUANGXIN CHUANGYE SHIXUN JIAOCHENG

大学生创新创业实训教程

（第三版）

主　编　李金莲　黄必义

副主编　陈亚鹏　赖吉盛

参　编　周晓彬　刘　莹　沈延文　卢佳佳

中国教育出版传媒集团

高等教育出版社·北京

内容简介

　　本书是高等职业院校职业素质教育改革创新教材,是在第二版的基础上修订而成的。

　　全书共8个专题、18个单元,内容包括创新型人才、创新思维与创造技法、大学生自主创业、创业机会与创业项目、创业计划书与商业模式、创业团队、新创企业、创业风险。本书内容涵盖创新、创造、创业三个层面,力求揭示创新型人才培养的一般规律与创业活动的本质特征,有效指导学生开展创业实践。为利教便学,部分学习资源以二维码形式提供在相关内容旁,可扫描获取。本书另配有教学课件、教案等教学资源,供教师教学使用。

　　本书适合作为高等职业院校公共基础课教材。

图书在版编目(CIP)数据

　　大学生创新创业实训教程 / 李金莲,黄必义主编.
3版. —北京:高等教育出版社,2024.8 — ISBN
978-7-04-062377-2

　　Ⅰ. G717.38

　　中国国家版本馆 CIP 数据核字第 2024M2L754 号

| 策划编辑 | 雷 芳 周静研 | 责任编辑 周静研 | 封面设计 张文豪 | 责任印制 高忠富 |

出版发行	高等教育出版社	网　　址	http://www.hep.edu.cn
社　　址	北京市西城区德外大街 4 号		http://www.hep.com.cn
邮政编码	100120	网上订购	http://www.hepmall.com.cn
印　　刷	上海新艺印刷有限公司		http://www.hepmall.com
开　　本	787mm×1092mm 1/16		http://www.hepmall.cn
印　　张	13	版　　次	2024 年 8 月第 3 版
字　　数	279 千字		2018 年 8 月第 1 版
购书热线	010-58581118	印　　次	2024 年 8 月第 1 次印刷
咨询电话	400-810-0598	定　　价	29.80 元

创业是发展之基,创新是动力之源。党的二十大报告指出:"必须坚持科技是第一生产力、人才是第一资源、创新是第一动力,深入实施科教兴国战略、人才强国战略、创新驱动发展战略,开辟发展新领域新赛道,不断塑造发展新动能新优势。"

近年来,我国高职院校的创新创业教育取得了长足发展,在课程优化与教材革新方面,收获了实质性的成果。同时,创新创业大赛、"众创空间"等多元化活动形式也有力推动着有中国特色的创新创业教育体系日趋完善。

自2018年第一版、2021年第二版发行以来,本书受到了广大高职院校的长期支持。为了顺应时代发展需要,适应高职院校教学实际情况,进一步推动高职院校的创新创业教育工作开展,编写团队对本书再次进行修订,推出了第三版。本书第三版采用"专题十单元"的结构编排,系统覆盖创新、创造和创业三大核心领域,内容详尽,包括创新型人才、创新思维与创造技法、大学生自主创业、创业机会与创业项目、创业计划书与商业模式、创业团队、新创企业、创业风险八个专题。

本书第三版的整体架构设计由李金莲和黄必义负责,修订工作中凝聚了漳州职业技术学院创新创业与职业发展教研室老师们的集体智慧。在修订过程中,编写团队多次开展深入研讨和策划,逐步完善修订方案,明确了各项内容要求。编写团队充分考虑了高职院校学生的实际需求,融入了更多的思政元素,同时更新了案例、故事、政策和数据,以提升内容的时效性和实用性。此外,我们对配套的教学资源也进行了全面优化和升级。这些改进使本书第三版更加贴近高职院校的实际情况,紧跟时代步伐,以便更好地满足当前的教学需求。

我们深知,尽管已竭尽全力,但书中难免有不足之处。因此,我们真诚地希望专家、同行及广大读者提供宝贵的反馈和建议,共同实现本书的持续完善。

编　者

2024 年 7 月

深化高等学校创新创业教育改革,是国家实施创新驱动发展战略、促进经济提质增效升级的迫切需要,是推进高等教育综合改革、促进高校毕业生更高质量创业就业的重要举措。为落实《关于深化高等学校创新创业教育改革的实施意见》(国办〔2015〕36 号),健全创新创业教育课程体系,改革课程内容和教学方法,强化创新创业实践活动,改进学生创业指导服务,我们编写了这本《大学生创新创业实训教程》。

本书立足高职院校学生创新创业的实际,坚持理论知识"必需、够用"的原则,注重应用性与实用性,以培养学生的创新意识和创业精神为主线,着力提升学生的创新创业能力。本书内容包括创新人才的基本素质、创新思维训练、大学生自主创业、创业机会的识别、创业计划书的编制、创业团队建设、新企业的创办与管理、创业风险的来源和管理八个部分。本书采用模块化的编写方式,各个模块均以问题与困惑、案例导入开篇,激发学生学习兴趣;以创新创业基础知识为主干;以课堂活动作为实训实践环节;辅以小贴士、拓展阅读、单元小结、思考与练习等栏目,突出了教材的系统性、完整性、可读性和实践性。

本书由漳州职业技术学院公共教学部黄必义担任主编,创新创业与职业发展教研室陈亚鹏、赖吉盛、周晓彬担任副主编。具体编写分工如下:黄必义负责编写第一单元、第二单元、第五单元;黄必义、陈亚鹏负责编写第三单元、第四单元;黄必义、赖吉盛负责编写第六单元、第八单元;黄必义、周晓彬负责编写第七单元。全书由黄必义审核定稿。

在本书的编写过程中,我们参考了许多专家、学者的研究成果,援引、选用了有关教材、著作及网络资料,吸取了其中的许多精华,尽可能地对引用材料的出处予以注明,并在本书的最后列出了相关的参考文献。在此,我们对这些专家、学者致以衷心的感谢!

本书的编写得到漳州职业技术学院及其公共教学部领导的大力支持,创新创业与职业发展教研室的同人为本书提供了配套的课程教学设计和教学课件,在本书付梓之际,也一并致以衷心的感谢!

由于编者水平有限,加上时间仓促,书中疏漏和不妥之处在所难免,敬请专家、同行和广大读者批评指正。

编　者

2018 年 8 月

目 录

资源导航

专题一
创新型人才

引导语

在这个瞬息万变的时代,创新已成为个人、企业乃至国家发展的重要驱动力。创新不仅是一种思维方式,而且是一种生活态度。真正的创新人才不只是思维敏捷或是知识丰富,还具备对创新精神的深入理解,并勇于将其付诸实践。

本专题将引导同学们理解何为真正的创新精神,并激发同学们内心深藏的创新潜能。我们将共同学习如何在日常的学习、生活中培养创新意识、弘扬创新精神,以及如何在不断的探索与尝试中培育对新事物的好奇心和应对未知挑战的勇气。

我们邀请每一名富有创造激情的同学,摆脱旧有的束缚,敢于想象,勇于实践,一起沿着创新型人才的成长轨迹,释放自我的无限潜能。

 学习目标

1. 了解创新、创新精神、创新意识、创新能力的基本概念和特征。
2. 掌握创新工作方法,激发创新潜能,能开展创新实践。
3. 培养创新意识,养成善于思考和勇于开拓的品质。

问题导学

1. 创新的实质是什么？
2. 我们为什么要创新？
3. 怎样才能成为创新型人才？

案例导入

华罗庚与数学创新

　　华罗庚可称得上是 20 世纪中国数学界的杰出代表，这不仅是因为他在数学研究上的卓越成就，更是因为他对数学教育等领域的深远影响。在中华人民共和国成立初期，华罗庚深刻意识到高等数学教育的薄弱对国家未来科技发展构成的制约，提出在学术领域应鼓励不同的思想和学说自由竞争，鼓励自由探讨，从而激发学术界的生机和活力。这对中国学术界产生了深远的积极影响，促进了学术研究的多元化和创新。华罗庚还坚持数学研究应结合实际，他也是将数学应用于解决实际问题的先驱者，尤其是他的"最优化"理论，不仅解决了当时多个实际问题，而且推动了相关学科的发展。

　　社会不断进步，新的问题和挑战层出不穷。创新型人才可以有效应对新挑战，提出新思路和新方案，推动社会不断进步。大学生成为创新型人才有助于促进社会进步，加速知识更新、技术发展和文化繁荣，提高国家的国际竞争力，并且为个人开拓更广阔的发展空间。

一、什么是创新

　　创新是人的主观能动性的高级表现形式，体现了人类特有的认识能力和实践能力，是一个国家、一个民族发展进步的不竭动力。创新是知识经济时代的呼唤，创新是人类知识产生的原动力。一个人、一个民族、一个国家要想走在时代前列，就一刻也不能没有创新思维，一刻也不能停止创新。

（一）创新的概念

　　何为创新？许多研究者对创新的概念进行了界定，有代表性的观点有如下几种。

1

① 创新是运用知识或相关信息创造或引进某种新事物的活动。② 创新是对组织或相关环境的新变化的接受。③ 创新是开发新事物的过程。这一过程从发现潜在的需要开始，经过对新事物的技术可行性分析、检验，直到新事物得以广泛应用为止。④ 创新是指新事物本身，具体来说就是指被相关部门认定的新思想、新实践或新的制造物。

综合上述观点可知，创新是人们为实现一定的目的，遵循事物发展的规律，利用已知信息，不断拓展对客观世界及自身的认知，从而产生有价值的新思想、新举措、新事物的活动。创新包括技术创新、产品创新、过程创新、方法创新、管理创新、制度创新、政策创新、观念创新等，范围非常大，可以说，各种能提高资源配置效率的活动都是创新。

创新的本质是突破。创新的过程就是人们打破思维定式，以有别于常规的思路为导向，利用现有的知识和物质条件，对事物的整体或部分进行改进、变革，产生某种新颖、独特、有社会价值的新概念、新设想、新理论、新技术、新工艺、新产品等成果的智力活动过程。

 案例故事 1-1

田 忌 赛 马

齐国大将田忌经常与齐王赛马，比赛时二人各自派出上、中、下等马分别对阵。齐王每个等级的马都比田忌的强，所以田忌屡屡败阵。后来孙膑给田忌出了个主意，让他以下等马对对方的上等马，以上等马对对方的中等马，以中等马对对方的下等马。结果，田忌以一负二胜的成绩赢得了比赛。孙膑也被举荐给齐王，成为军师。现在，人们把"田忌赛马"的策略应用到某些体育比赛的集体项目中，同样取得了较好的效果。

创新在很大程度上受具体的社会需求影响，以满足新的社会需求、提高人们物质生活和精神生活的水平为目的。因此，人们的创新活动和产生的创新成果应为社会发展服务，必须考虑社会效果。

 案例故事 1-2

旱冰鞋的发明

有个小职员整天坐在办公室里抄写东西，常常累得腰酸背痛。他消除疲劳的最好办法就是在休息日去滑冰，但冬季很容易就能在室外找到滑冰的地方，在其他季节就没有机会滑冰了。

怎样才能在其他季节也像在冬季那样滑冰呢？这个对滑冰情有独钟的人一直在思考这个问题。思来想去，他想到了脚上穿的鞋和滑行的轮子。他在脑海里把这两样东西的形象组合在一起，想象出了一种"滑行的鞋"。经过反复设计和试验，他终于制成了四季都能滑的"旱冰鞋"。

(二) 创新的意义

首先，创新是一个民族进步的灵魂，是一个国家兴旺发达的不竭动力，是一个国家和一个民族解决自身生存、发展问题的能力大小的客观、重要标志。在激烈的国际竞争中,"惟创新者进,惟创新者胜",创新是国家长远发展的动力。《中国共产党第十九届中央委员会第五次全体会议公报》中,"关键核心技术实现重大突破,进入创新型国家前列"被列入2035年基本实现社会主义现代化的远景目标,党的二十大报告则指出,必须坚持科技是第一生产力、人才是第一资源、创新是第一动力,深入实施科教兴国战略、人才强国战略、创新驱动发展战略。

其次,创新不断促进多种社会因素发生变化,推动人类社会的全面进步。纵观社会经济的发展史,创新蕴藏着人类发展的无限潜能。创新意识源于社会生产方式,它的形成和发展也必然推动社会生产方式的进步,推动经济飞速发展,促进上层建筑的进步。

最后,创新是现代人必须具备的素质。社会需要充满生机和活力,有开拓精神,具备新思想、新知识、新技术的人。创新促进人才素质结构的变化,确定新的人才标准,代表人才素质变化的方向,可以激发人们进一步发挥主动性、创造性,引导人们提升自身的综合素质。

 案例故事1-3

"发明大王"杨永修：在0.015毫米间创新逐梦

杨永修是一汽集团的高级技师和"发明大王"。为了追逐汽车制造梦,他高考后进入了长春汽车高等专科学校。从一名普通铣工做起,杨永修持续进步,获得了18项国家专利。他的日常工作是精密加工汽车发动机缸体,要求将精度控制在0.015毫米以内,这对保证发动机性能至关重要。为了达到这一标准,他不辞辛劳,从新系统的使用学起,尽管困难重重,却始终保持着坚持不懈的精神。

对于杨永修来说,成功源于不断的学习和练习。通过观察、记录遇到的难题并逐个解决,他在失败中积累了宝贵经验。凭借个人努力,他很快成为技术能手,实现了数控铣加工的完全自主。杨永修还在工作之余进行学习和研究,不断提高自己的知识和技能水平,让自己成为知识型、技能型和创新型的劳动者,带领团队自主开发核心零部件,促进了红旗品牌的发展。

为了提高工艺精度和生产效率,杨永修自主创新改造机床,提升了产品质量,为公司创造了超过1 200万元的价值。他还亲自指导、培养了一批优秀的技能人才,通过积极分享自身的知识和经验,助力更多人在工作室运营、专利申请和技能大赛等方面取得成功,为中国汽车工业注入创新力量。

自主开发是中国汽车工业开拓创新的必经之路,也是一汽集团创新发展的必经之路。作为汽车产业中的青年力量,杨永修带领他的团队,在提升自主产业核心竞争力和创新力的蓝海中乘风破浪,勇往直前。

（资料来源：王培莲,"发明大王"杨永修：在0.015毫米间创新逐梦,中国共产党新闻网,有改动）

1

二、什么是创新型人才

（一）创新型人才的概念和一般特征

所谓创新型人才，就是具备创新意识、创新精神、创新能力，能够通过自己的创造性劳动取得创新成果，在某一行业、某一领域或某一工作岗位上为社会发展和人类进步做出突出贡献的人才。创新型人才通常富有想象力，具有灵活、开放、好奇的个性和脚踏实地、不畏艰险、勇于攀登的精神。

创新型人才一般具有以下几个特征：① 有较强的好奇心和求知欲；② 有较强的自我学习与探索能力；③ 在某一领域或某一方面拥有广博而扎实的知识，有较高的专业水平；④ 具有良好的道德修养，能够与他人合作或共处；⑤ 拥有健康的体魄和良好的心理素质，能承担艰苦的工作。

拓展阅读 1-1

在不同的历史时期，人们对创新型人才的理解会有所不同。一般而言，创新型人才具有以下特征。

（1）创新型人才是与常规人才相对应的一种人才类型。通常所说的创新型人才，就是具有创新意识、创新精神、创新能力并能够取得创新成果的人才；常规人才则是常规思维占主导地位，创新意识、创新精神、创新能力不突出，习惯按照常规方法处理问题的人才。创新型人才与通常所说的理论型人才、应用型人才、技艺型人才等是相互联系的，是按照不同的标准划分的不同类型。无论是理论型人才、应用型人才还是技艺型人才，都需要有创造性，都需要成为创新型人才。

（2）成为创新型人才的基础是实现人的全面发展。创新意识、创新精神和创新能力并不是凭空产生的，也不是完全独立发展的，它们与人才的其他素质有着密切的联系。从这个意义上讲，创新型人才首先是全面发展的人才，是在全面发展的基础上实现创新意识、创新精神和创新能力高度发展的人才。

（3）个性的自由发展是创新型人才成长与发展的前提。虽然不能说个性自由发展了，人就会有创造性，就能成为创新型人才，但没有个性的自由发展，创新型人才就不可能产生。从这个意义上讲，创新型人才就是个性自由发展的人。

（二）创新型人才的特质

当代社会的创新型人才既要立足现实，又要面向未来。因此，创新型人才通常应该具备以下几个方面的特质。

1. 博、专结合的知识结构

创新是对已有知识的发展。在人类知识越来越丰富和深奥的今天，社会对创新型人才的知识结构、收集与处理信息的能

力提出了更高的要求。拥有的信息量越大,文化素养越高,创新思路便越开阔。只有具备广博的知识、敏锐捕捉各类信息的能力,才能在工作中做到心中有数、游刃有余、不断创新。创新型人才的知识结构要有必要的广度,也要有一定的深度。具备广博而精深的文化内涵、深厚而扎实的专业知识、相邻学科及必要的横向学科知识,了解相关专业的最新科学成就和发展趋势,是成为创新型人才的必要条件。

拓展阅读 1-2

创新型人才的知识结构包括以下三种模式。

(1)金字塔形知识结构。金字塔形结构的底层是基础知识,包括自然科学、社会科学和一些应用型学科的知识;中层是专业知识,包括专业基础知识、专业核心知识和专业前沿知识;顶层是专业主攻的方向或者目标。这种知识结构强调基础理论的深厚扎实和知识的广博精深,有利于创新型人才迅速掌握学科前沿动态,从事理论科学和应用科学的研究工作。

(2)蜘蛛网形知识结构。蜘蛛网形知识结构以专业知识为中心,以与其他专业相近的、有较强相互作用的知识作为网上的连接点。这种知识结构适应性强,能够在较大空间中发挥作用。具有这种知识结构的创新型人才能凭借自身的知识结构的弹性与应变能力在工作中占据优势。随着社会经济的不断发展,这种人才会越来越受欢迎。

(3)帷幕形知识结构。帷幕形知识结构是具体的组织的创新型人才形成的整体知识结构。创新型人才因在组织中所处的层次不同,在个人的知识结构上存在一些差异。以某个企业为例,企业对其员工的整体知识结构要求是具有管理、财会、安全、商业、保险等方面知识,而对在企业中处于不同层次的个人来说,其掌握上述知识的情况是不同的,从而形成各自不同的知识结构。创新型人才不但要注意组织在整体上对自身知识结构的要求,同时还要了解职业岗位在其所在组织中的位置与层次。

2. 坚韧不拔的创新意志

坚韧不拔的创新意志是个人成就一番事业必须具备的基本素质和意志品格。创新过程是一个探索未知领域和对已知领域进行破旧立新的过程,可能充满艰难险阻,会遭遇重重困难、挫折甚至失败。科学技术发展到今天,每取得一点进步都是相当困难的。一个人具备了丰富的知识,选准了可以有所作为的工作领域,但如果不具备坚韧不拔的创新意志,一旦在奋斗过程中遇到挫折,就会

● 1-1

文本:詹天佑的创新故事

1

心灰意冷,丧失斗志,或止步不前,或无功而返。创新型人才则具有非凡的胆识和坚韧不拔的毅力,他们为了达到既定的目标坚持不懈地奋斗,遇到困难不气馁,遇到挫折和失败不退却,不自暴自弃,不轻言放弃,不达目的不罢休。

3. 难能可贵的创新品质

创新品质包括敢于创新的勇气,强烈的批判精神,忘我拼搏、专心致志的态度,淡泊名利的思想境界,甘于长期坚守的情操,独特的思维方式和从多角度分析问题的特质等。创新型人才具备献身精神和进取意识,具有强烈的事业心和社会责任感,为求真知、求新知敢闯、敢试、敢冒风险,拥有强大的精神动力。

4. 适度超前的创新思维

具备创新思维是创新的基本前提。创新型人才具备思维方式上的前瞻性、独创性、灵活性,在对事物进行分析、综合和判断时能够另辟蹊径。在思维的高度上,创新型人才有战略眼光,能够把握全局,从宏观上判断该做什么,不该做什么;在思维的广度上,创新型人才知识丰富,创意多;在思维的深度上,创新型人才看得远,想得深;在思维的速度上,创新型人才能迅速跟上客观形势的变化,能快速反应;在思维的力度上,创新型人才对传统习惯和思维有一种“穿透力”,不唯上,不唯书,敢于开拓新天地;在思维的密度上,创新型人才会多问几个“为什么”,问题越多,认识越深入,解答问题就越精确;在思维的精度上,创新型人才善于精准运用数据、信息,在分工合作时,能够做到严密而周详;在思维的时间维度上,创新型人才能把握时机,不超前,也不因滞后而丧失时机,他们会分阶段确立目标,分段检查验收,全方位思考问题。

5. 科学求实的创新实践

创新只有建立在科学求实的基础上,才会有长久的动力和正确的发展方向。创新必须立足现实,才能实现新的飞跃,推动各项工作深入开展。创新的过程是尊重科学,依据事物的客观规律进行探索的过程,任何一种创新都不能有半点马虎。创新型人才具有严谨求实的工作作风,会严格遵循事物的客观规律,从实际出发,以科学的态度进行创新实践。

课堂活动 1-1

创 新 论 坛

(1)根据全班同学总人数确定分组数,每组以4～6人为宜。小组可以自由组合,也可以由教师指定组合。每组推选组长一名。

(2)同一小组的同学围坐在一起,以小组为单位,通过网络搜集一个典型的创新案例,制作展示PPT。

(3)每组派一名代表向全班同学陈述案例,并分享其启发意义。

(4)其他小组成员就案例提问,该小组成员有针对性地进行解答。

(5)教师对本次课堂活动进行全面总结,并逐一分析每个小组的表现。

(6)根据课堂活动情况,以及每位同学的参与程度、表现,采取小组互评和教师评价相结合的方式,确定每位同学的得分,作为课程考核评价的依据之一。

弘扬创新精神

 问题导学

1. 创新精神就是创业精神吗？
2. 如何理解创新精神的本质特征？
3. 如何培养创新精神？

案例导入

"梦里水乡"的创新性建设

镇江句容市后白镇李家桥村利用低洼荒废的 2 300 多亩滞洪区，进行土地流转、投资，发展田园综合体，着力创建农业观光旅游亮点，打造了多彩的油菜花海。

三月，最美的景致莫过于油菜花海。随着天气逐渐转暖，"梦里水乡"的千亩多彩油菜花竞相开放，黄色、粉红色、紫色、白色、橘黄色……不同颜色的油菜花形成了乡村田园亮丽的风景线。众多游客慕名前来，置身花丛中，踏青赏花，流连忘返。从高处俯瞰"梦里水乡"花海，成片的油菜花色彩缤纷，花田间流水潺潺，远处田舍村庄忽隐忽现，令人心境开阔、心旷神怡；低头观赏，各种颜色的花海间蜂飞蝶舞，花香扑鼻，令人目不暇接。

李家桥村还将引种多彩向日葵新品种，在七八月间，把"梦里水乡"变成独特的向日葵花海；同时加大招商投资力度，做好各项配套设施建设，加强村庄环境整治、道路铺设，使村容村貌整体焕新，推进美丽乡村建设，力争把"梦里水乡"打造成四季飘香、名副其实的乡村特色旅游区。

创新精神是创新的灵魂，是现代人才必须具备的基本素质。创新精神以遵循客观规律为前提，以敢于摒弃旧事物、旧思想，创造新事物、新思想为特征。为实现中华民族伟大复兴的中国梦，我们唯有努力培养自己的创新精神，才能在未来的发展中不断开辟新的天地。

一、创新精神的概念和主要内容

（一）创新精神的概念

所谓创新精神，就是综合运用已有的知识、技能、信息和方法，提出新方法、新思路

1

的精神,是进行发明、创造、改革的意志、信心、勇气和智慧。富有创新精神是进行创新活动必备的条件。富有创新精神的人不墨守成规,敢于打破原有框架,勇于探索新方法、新思路;富有创新精神的人不迷信书本、理论,敢于根据事实和自己的思考,质疑专家和权威;富有创新精神的人通常不安于现状,敢于根据实际需要或新的情况,不断进行改革和创新;富有创新精神的人能坚持独立思考,说自己的话,走自己的路。追求新颖、独特、与众不同,能灵活地运用已有的知识和能力解决问题,这些都是具有创新精神的体现。

（二）创新精神的主要内容

1. 开拓精神

开拓精神是勇于开创新天地、开辟新道路、达到新境界的进取和革新精神。具有开拓精神的人敢于走前人没有走过的路,做前人没有做过的事。开拓精神是科学发展、人类进步的精神动力。只有具备这种大胆探索、勇于创新的精神,敢于开辟新的道路,才能在科学、文化、教育、经济等各个领域有所发现、有所发展、有所创新,不步他人的后尘,从而推动科学技术不断发展和人类社会不断进步。

2. 首创精神

管理学家亨利·法约尔曾这样说过:"想出一个计划并保证其成功是一个聪明人最大的快乐之一,这也是人类活动最有力的刺激物之一。这种发明与执行的可能性就是人们所说的首创精神。建议与执行的自主性也都属于首创精神。"因此,首创精神就是敢为天下先、敢于第一个吃螃蟹的精神。这种精神是人类活动最重要的激励力量,也是人们获得成功的重要精神动力。我们只有具备首创精神,才能在工作中不断发挥积极性、主动性和创造性。

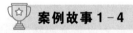
案例故事 1-4

板桥体的形成

"扬州八怪"之一郑板桥是清代著名的书画家、文学家。他自幼爱好书法,立志掌握古今书法大家的书法要旨。他勤学苦练,反复临摹名家字帖,但进步不大,因此深感苦恼。

有一次,他练书法时入了神,竟在妻子的背上画来画去。妻子问他这是干什么,他说是在练字。他妻子嗔怪道:"人各有一体,你体是你体,人体是人体,你老在别人的体上纠缠什么?"郑板桥听后,猛然醒悟:书法贵在独创、自成一体,老是临摹别人的字帖怎么行呢!从此以后,他力求创新、融会贯通,摸索着把画竹的技巧渗透进书法艺术中,终于形成了自己独特的风格——板桥体。

3. 探索精神

探索精神就是能够主动研究、发现事物内在联系、规律的精神。"探"是钻研,"索"是追求,"探索"就是不懈地钻研和追求。具备探索精神的人拥有顽强的毅力、强烈的求知欲和拼搏精神,敢于深入新的领域。探索精神是创新想法得以实施的保障。所有重大的创新成果都是在怀疑、突破前人或同时代专家权威见解的基础上,不断探索、创新取得的。我们只有具有强烈的探索精神,时刻注意新技术、新工艺的发展动态,勤奋学习,善于思考,勇于实践,才能一步一步走向成功。

4. 艰苦奋斗精神

艰苦奋斗精神是一种不怕艰难困苦、勇于战胜困难的精神。它体现了中国共产党在长期的革命、建设过程中形成的优良传统和作风。在思想开放、理念更新、生活多样化的今天,具有艰苦奋斗精神意味着遵守一种生活准则,坚持一种工作作风,树立一种价值观念,保持一种精神状态,乃至追求一种高尚情操。具有艰苦奋斗精神的人通常具有顽强的意志力和足够的自信心。只有在与困难作斗争的过程中奋发向上、锐意进取、辛勤创业的人,才能最终取得成功。

 案例故事 1-5

"大国工匠"仲继东

"大国工匠"仲继东自幼在油田边长大,在耳濡目染下,他立誓将自己的一生奉献给祖国的石油事业,长大后毅然选择成为一名油田工人。在20余年的采油过程中,他利用知识和技能不断提高工作效率和工作安全系数。多年来,仲继东累计提出合理化建议近百条;取得厅局级成果25项、企业级成果53项,其中22项成果在油田中得到推广应用,累计创效2 200万元;获国家实用新型专利43项;编写行业操作规范3项、关键操作工序操作标准34项;组织创新工作室团队围绕增储上产、降本增效攻关,取得创新成果170项,解决现场技术难题320个,创效3 000多万元。因此,仲继东被称为油田中的"发明家"。仲继东能取得如此成就,除了因为他从小热爱观察,有一颗好奇的心、一种亲自试验的本能外,还因为他具有超乎寻常的开拓精神和艰苦奋斗精神。

二、创新精神的特征

创新精神是一个人从事创新活动、产生创新成果、成为创新型人才必须具备的综合素质,具有综合性、关联性和发展性的特点。

(一) 综合性

创新精神是创新意识、创新思维、创新个性、创新品德、创新美感、创新技法等多种因素的集合,具有完整的结构和丰富的内涵。这些因素发挥不同作用,共同构成创新精神这一整体。

(二) 关联性

所谓关联性包含两层意思。一是创新精神的外部关联性,指的是创新精神的构成因素与创新活动、创新成果、创新主体直接相关。二是内部关联性,指的是构成创新精神的各因素之间具有密切的相互依存、相互影响、相互促进的关系。

(三) 发展性

创新精神不是天生的,需要后天的培养和造就。创新精神同创新能力一样,是不断

1

丰富、发展、更新和与时俱进的。因此,创新精神的发展性为通过教育培养创新精神提供了可能性和前提。

三、创新精神的养成

要想成为创新型人才,首先要注重创新精神的养成,这需要从以下五个方面着手。

(一)努力培养开拓精神

要想成为创新型人才,一个必不可少的条件即具有开拓精神。重复别人做过的事情,走别人走过的老路,在眼前或许能够取得一点点成绩,但是走不了多远。培养开拓精神,需要从品格、胆魄与才识三方面着手,塑造品格、锻炼胆魄与增长才识齐头并进。首先,着重培养勤奋刻苦和坚韧不拔的品格。开拓精神包含怀疑精神、求实精神、自信心、好奇心。如果迷信书本和权威,缺少自信心、好奇心,懒散怕苦,不能持之以恒,便无法培养开拓创新的品格。其次,大力培养大无畏的胆略和气魄。开拓精神意味着敢说前人没有说过的话,敢走前人没有走过的路,敢创前人没有开创过的事业,这需要有大无畏的胆略和气魄。最后,提升开拓创新的才识。培养开拓精神意味着要努力提高创造性思维能力和从经验、事实、材料中提炼出自己的观点的能力,这需要有一定的才识。

(二)培养好奇心

爱因斯坦曾说:"我没有特别的天赋,只有强烈的好奇心。"好奇心是开展创新活动的首要条件,是解开万事万物之谜的金钥匙,也是一个人取得事业成功、展现聪明才智的必要条件。对事物感到好奇,就会认真思考,加强观察。因此,创新精神的培养需要不断培养好奇心。

(三)培养怀疑态度

创新是对旧事物的扬弃。在日常的工作、学习过程中,要有意识地持怀疑态度去阅读权威著作,敢于向权威挑战。书本上的知识可能是过时的,它是过去一段时间的经验总结,记载的是过去人们对某个事物的思考。在阅读和思考的过程中,要敢于提出新观点、新看法,要大胆假设、小心求证。

(四)培养创造个性

在专业领域不断创新是人们追求的目标。新时代需要新思维,只有创新才能在竞争中获得优势、取得成功,而对成功的渴望又有助于激发创新欲望和培养创造个性。

(五)养成不断创新的习惯

创新无处不在,我们要不断进取,永不止步。俗话说得好,习惯成自然。大学生要养成不断创新的好习惯,将各个方面的创造力都调动起来,培养精益求精的工作态度与主动求变的意识。创新习惯的养成,需要在日常的工作中多学习、多积累,充分利用网络技术和科技成果,创新工作方法,提高工作效率,从身边的创新做起,从岗位创新做起,勤于思考,勇于开拓,不断挑战自我。

课堂活动 1-2

测一测：你有创新精神吗？

一、测试题

将符合自己实际情况的选项填写在题干后的括号内。

(1) 你对自己现在的学习态度(   )。

A. 非常满意   B. 认为一般   C. 认为需要改进

(2) 你对自己现在的学习成绩(   )。

A. 非常满意   B. 基本满意   C. 不满意

(3) 假如你要做一件事，你会(   )。

A. 采用大家都采用的有效方法去做   B. 没想过

C. 设计一个自己的新方法去做

(4) 你对参加大学生创新创业大赛的态度是(   )。

A. 不感兴趣   B. 无所谓   C. 很想找机会尝试一下

(5) 你对"白日梦"的看法是(   )。

A. 痴心妄想   B. 不清楚   C. 有可能实现

二、计分方法

选 A 得 1 分，选 B 得 3 分，选 C 得 5 分。

三、测试结果分析

(1) 20～25 分，开拓进取型。对自我现状不满，有较强的创新意愿，如果找到适合的途径和方式，容易获得成功。

(2) 10～19 分，谨慎稳健型。对自我现状比较满意，希望保持稳定，因此做事比较谨慎，可能会丧失一些好机会。

(3) 5～9 分，满意现状型。容易安于现状，偏于保守，对改革和创新没有多大兴趣，更容易在本职工作中实现自身价值。

单元三 培养创新意识

问题导学

1. 创新意识与创新有什么关系？
2. 创新意识的基本特征是什么？
3. 如何培养创新意识？

案例导入

以技术创新作为核心竞争力

在过去的几十年里，大多数中国民营科技企业逃脱不了"各领风骚三五年"的宿命。我们也曾听到和看到过太多关于中国民营科技企业崛起、衰落、倒闭的悲伤故事。华为却成功了。华为从两万元起家，用22年时间，从名不见经传的民营科技企业到进入世界品牌500强，现已成为全球最大的通信设备制造商，创造了中国乃至世界企业发展史上的奇迹。

作为一家技术导向型的企业，华为从成立开始，就坚持技术创新不动摇。华为坚持每年将10%以上的销售收入投入研发，数十年如一日，仅2022年支出的研发经费就高达1 615亿元。2022年，华为中从事研发的人员约11.4万名，约占员工总人数的55.4%。

华为的创新体现在企业的方方面面，体现在各个细节之中。但是华为不是为创新而创新，它打造的是一种相机而动、有的放矢的创新力，是以客户需求、市场趋势为导向，紧紧沿着技术市场化路线行进的创新力。这是一种可以不断自我完善与超越的创新力，是企业可持续发展的基石。

早在1998年，华为创始人就提出了"不创新才是最大的风险"的论点。高质量的产品、共赢的生态圈、强烈的忧患意识和创新意识，让华为不断投入研发，这也成就了华为的核心竞争力，让华为在激烈的市场竞争中脱颖而出。

创新是提升企业竞争力的法宝，它也是一条充满了风险和挑战的成长之路。尤其是在高新技术产业领域，创新被称为企业的生存之本和品牌的价值核心。创新意识代表着人们奋斗的明确目标和价值指向，是人们产生稳定持久的创新需要、价值追求和理性自觉的推动力量。

1

一、创新意识的内涵

创新意识是指个体根据社会发展需要主动发现问题、积极探索并解决问题,从而充分发挥自己潜能的一种心理取向,以及在创新活动中表现出的意向、愿望和设想。创新意识是开展创新活动的出发点和内在动力,是培养创新思维的前提,也是形成创新能力的基础。

创新意识与创新能力一样,贯穿人们创新活动的整个过程。具备创新意识是人类意识活动的一种积极的表现形式,是激励人们发挥主观能动性的重要精神力量。创新意识通常包括以下四个方面,如图 1-1 所示。

图 1-1　创新意识的内涵

(一) 创新兴趣

兴趣是人们力求探究某种事物和从事某项活动的意识倾向,表现为人们对某种事物、某项活动积极的态度和情绪反应。人们对感兴趣的事物会给予优先的注意。创新兴趣不仅是人们积极从事创新工作的动力之一,还能使人在艰辛、烦琐的创新研究中体会到快乐。

创新兴趣往往与人们的好奇心、求知欲密切联系在一起,这是人的天性。人们总是根据自己的兴趣来优先选择创新内容和方向。创新兴趣引导着人们创新目标的确立、创新能力的开发。对创新的强烈兴趣是人们开展创新活动最重要的心理条件之一。

(二) 创新动机

动机是激发和维持个体活动,并使这种活动朝着一定目标发展的内部心理倾向。与其他活动一样,创新活动也是受到动机的驱动而产生的。创新动机是创新行为的动力基础,是引起和维持个体进行创新行动的内在驱动力,它能推动和激励人们发起和维持创新活动。

创新动机在创新活动中主要有三方面的功能。① 激活功能。创新动机激发、推动个体产生创新行为,培养创新能力。② 指向功能。创新动机总是使创新活动指向一定的目标和对象。③ 维持与调节功能。创新动机一旦引起创新实践,会使个体表现出极大的积极性,从而维持和加速创新过程。个体能否坚持创新实践或如何做出调整与改变,也会受到创新动机的调整和支配。

(三) 创新情感

创新情感是创新主体对创新活动的主观情感体验,涉及创新过程的各方面,它是

1

主体开展创新活动的情感力量,对创新活动的维持和调节起着很大的作用。创新活动的主体是有知觉、情感、意志的人,人们在认识世界和改造世界的创新实践中,不但认识了周围事物,并且会对它们做出评价,形成一定的态度,并产生相应的情感体验。

创新活动需要在稳定的创新情感支配下才能更好地开展;只有具备正确的创新情感,创新活动才能成功。从创新动机的产生到创新过程的持续,再到创新结果的验证,各个环节无不蕴含着创新主体的情感因素。创新过程需要以创新情感为动力,创新情感还可以为个体提供丰富的创新暗示和创新启迪。因此,创新活动要求创新者拥有丰富、健康的创新情感。

（四）创新意志

创新意志是创新主体有意识、有目的、有计划地调节和支配创新活动的心理现象。创新意志是人们在创新活动中克服困难、冲破阻碍的心理因素。创新是一种意志行为,就是要克服困难,做前人没有做过的事。可以说,创新意志是创新活动的精神支柱。

拓展阅读 1-3

"共和国勋章"获得者袁隆平院士说:"要是说杂交水稻的成功有什么秘诀的话,那就是不囿于现存结论的创新思维。"正是在这样的创新思维的指引下,才有了袁隆平院士一步一步培育出杂交水稻的成功。面对"水稻是自花授粉作物,没有杂种优势"的国际普遍论调,袁隆平院士反其道而行之,在发现"雄性不育株"之后另辟蹊径地提出了"不育系""保持系"和"恢复系"的配套培育体系。正是在"三系法"的独创理论框架下,杂交水稻神秘的面纱才被缓缓揭开。

习近平总书记说:"创新始终是推动一个国家、一个民族向前发展的重要力量。"中华人民共和国自成立以来,从起初的一穷二白,到发展成现在的世界第二大经济体,最大的动力就是科技创新。在党和政府的正确领导下,在一代代科技工作者的艰苦努力下,我国已经成为有重要影响力的科技大国。

二、创新意识的特征

一般来说,创新意识具有以下三个特征。

（一）独特、新颖性

创新活动或是为了满足新的社会需求,或是为了用新的方式更好地满足原来的社会需求。创新意识就是求新意识,创新意识区别于其他意识的典型特征就是求新求变,离开了独特、新颖性就不是创新意识。这是创新意识的主要特征。

（二）社会历史性

创新意识以满足人们的物质生活和精神生活需要为出发点,而这种需要很大程度上受具体的社会历史条件制约。在阶级社会中,创新意识受阶级性和道德观制约。人们的创新意识引发的创造活动和产生的创造成果应为人类进步和社会发展服务。创新意识必须考虑社会效果,具有明显的社会历史性。

（三）个体差异性

　　人们的创新意识总是和其社会地位、情感、兴趣、文化素质等相联系,这些因素对人们的创新活动起着极大的推进作用。人们的社会地位、情感、兴趣、文化素质各有不同,因此,对个体创新意识的考察既要考察社会背景,又要考察其文化素养和志趣、动机。创新意识的个体差异性决定了人们的创新意识具有可塑性。

拓展阅读 1-4

　　创新是最紧迫的时代要求。"十四五"规划和 2035 年远景目标纲要中,"坚持创新"在 12 项重要领域工作中排在首位。中国对创新的重视正达到前所未有的高度。

　　走别人的路,永远只能跟在别人后面。企业想要从小到大,从中国走向世界,最重要的制胜法宝就是践行自立自强的创新精神。在一场论坛活动中,格力董事长专门带来了大松电饭煲。"中国人不用跑到国外买电饭煲了,我们的电饭煲世界一流。"她认为,在中国工业发展取得进步的同时,也应看到我们的短板,并以此为动力不断前进。她说:"我想,除了创新是永远不变的,我们还应该想清楚企业家究竟承担着怎样的责任和使命。"

　　社会变化给企业带来了新挑战,面对百年未有之大变局,企业都在寻找创新方式。其中,不变的是对用户需求的把握。为应对市场变化的考验,九牧厨卫第一时间选择进行产品升级,并开行业直播带货先河,通过数字营销推动销售。

　　创新需要应时代而变。海尔将"用户至上"理念融入体验经济这一市场变化趋势。海尔集团首席品牌官认为,物联网时代,用户需要的不再是单一的产品,而是全流程的解决方案,产品会被场景取代,行业会被生态取代,这要求企业打造多元化场景,提供个性化定制。当企业不再追逐短期效益,而是回归用户第一,走独具特色的创新发展之路时,企业是有未来的;当所有企业立足人民对美好生活的需要,锐意求索,拼搏创新,加快建设创新型国家的目标实现便指日可待。

　　开放创新是当前全球创新发展的大趋势。人才、资本、技术和数据等创新要素在全球加速流动,创新全球化的趋势势不可挡。

　　创新,是源头活水,更是"第一动力"。

（资料来源:凌纪伟,在创新中创未来,新华网,有改动）

小贴士 1-1

　　2023 年 9 月 27 日,世界知识产权组织（WIPO）发布《2023 年全球创新指数》。中国排在第 12 名,仍是前 30 名中唯一的中等收入经济体。报告指出,过去 10 年来,印度尼西亚、中国、土耳其、印度、越南、菲律宾和伊朗是全球创新指数排行榜上攀升最快的中等收入经济体。世界知识产权组织总干事表示,这些新兴经济体在全球创新指数上的排名不断攀升,表明关注创新生态系统可以带来变化。

1

三、创新意识的培养

党的二十大报告指出："必须坚持科技是第一生产力、人才是第一资源、创新是第一动力,深入实施科教兴国战略、人才强国战略、创新驱动发展战略,开辟发展新领域新赛道,不断塑造发展新动能新优势。"党的二十大报告提出"三个第一"的重要论述,着重强调教育、科技、人才是全面建设社会主义现代化国家的基础性、战略性支撑,将教育、科技、人才摆在了新时代新征程上发展的重要位置。

创新意识的培养是一项严肃、严密、严格的创造活动,必须按客观规律进行;不能把创新意识培养简单化、表象化和庸俗化,降低创新意识的科学性和严肃性。

在培养创新意识的过程中一定要注意树立科学的创新理念,明确创新的真实含义,既要针对现状勇于创新,又要防止把创新当时髦,把创新当成没有实质内涵的新提法、新名词;既要着眼于解决现有手段不能解决的问题,又要着眼于用发展的眼光、发展的思维制定解决未来可能出现的新问题的措施。培养创新意识要注重以下几个方面。

(一)正确理解创新的真正含义

创新至少包含以下三个方面的内容:① 独创,即创造新的事物,要另辟蹊径、善于发现;② 更新,即除旧布新,勇于改革旧事物、迎接新事物;③ 改变,即使事物变得和原来不一样,形成切合实际的新事物。总之,创新就是既继承前人,又不因循守旧;既借鉴别人,又有所独创。我们要努力做到有新视角、新思路、新方法,使各项工作体现时代性、具备规律性、富于创造性。

(二)养成首创精神,提倡"标新立异"

所谓首创,就是要做别人没有做过、没有想过的事情。有了首创精神,才会有创新的动力,才能发现创新点,也才有培养创新意识的基础。创新活动中的"标新立异"体现了强烈的进取精神和勇于开拓的品质,体现了"敢为天下先"的精神。首创精神和"标新立异"的思维对人们的创造性活动意义巨大,它给人们提供了新的思路和平台。

(三)培育敢于创新的勇气

首先,要敢于担当。在准确把握发展方向的前提下,要有舍我其谁的魄力和敢于提出新主张的胆识,塑造"敢想、敢闯、敢于创造、敢为天下先"的精神品格,坚定奋勇争先的历史责任感和使命感。其次,要敢于质疑。质疑是创新的重要开端。创新鼓励反思和提出问题,有疑惑才会去探索,有探索才会有发现和收获,这是创新成功的关键。最后,要敢于试错。试错是创新成功的法宝。在创新活动中,如果不敢试错,就会白白错过许多发展的机遇。尤其是在科学技术高速发展的当下,无论是对企业还是对个人而言,敢于创新、敢于试错都是通往成功的阶梯。

(四)培养善于创新的思维

创新意识要求我们突破常规思维的局限,以超常规甚至反常规的视角思考问题,提出与众不同的解决方案。首先,创新需要建立科学的思考方法,努力摆脱经验主义和教条主义的束缚,打破与社会进步和历史发展规律不相吻合的思维方式、行为规范及束缚

1

思想发展的陈规陋习。墨守成规、故步自封容易限制人的思维,使想干事、想创新的人举步维艰。其次,创新意味着必须有能找准自身定位和模式的正确思维,在科学的理念引领下选择适合自己的创新路径。最后,创新意识的培养需要去粗取精、去伪存真。一些传统的思维方式和做法虽然可能阻碍创新,但也要善于发现和鉴别它们当中的有益成分,抽丝剥茧,提取有利于创新的成分和养料。

拓展阅读 1-5

2023 年 10 月 22 日,亚残运会火种来到杭州奥体中心体育场,并点燃主火炬塔。杭州第 4 届亚残运会的火炬传递共有 600 名火炬手参与,其中残疾人代表有 188 名,约占三分之一。不同于往届的是,智能仿生手、智能仿生腿、智能导盲犬等"黑科技"创新技术也融入了火炬传递场景,组委会希望通过这种方式向人们传递"科技改变生活、让不可能变为可能"的理念。

火炬手叶金燕七岁时因车祸失去了左腿,但热爱运动的她从未放弃对梦想的追求,最终成了一名射箭运动员。在火炬传递现场,常年乘坐轮椅的叶金燕得以站立行走,她面带微笑地将火炬稳稳向前传递,顺利完成交接。传递结束后,她满脸笑容地说:"佩戴智能仿生腿后的我与健全人无异,甚至看起来更酷,今天的每一步我都踩得很踏实、很自信。"谈及穿戴感受时,她说:"智能仿生腿比之前的假肢好用很多,它的智能功能对我参赛非常有帮助。"该智能仿生腿的研发人员介绍,智能仿生腿可以根据叶金燕走路的快慢调整关节阻尼变化,当该智能仿生腿检测到用户可能摔跤时,其内置算法会干预液压系统,给出适合的支撑力,防止其摔倒。除此之外,部分智能仿生腿还可以通过传感器实时采集数据,经算法处理后转化为指令,控制产品的液压系统,从而能针对使用者的运动状况进行动态的实时适配,满足下肢截肢人士在日常生活场景中的动作需求,让他们可以像控制自己的腿一样控制智能仿生腿,实现自由行走。

(五)正视困难和失败

创新活动具有较大的不确定性和不稳定性,因此,困难、风险和失败总是与创新过程相伴而生。这就要求我们正视困难、接受风险、包容失败,要学会从困难中寻找机会,在风险中把握方向,于失败中积累经验。对创新过程中的困难,要充分做好攻坚克难的思想准备;对创新发展中的失败,要有足够的包容心,要营造容忍失败、错误的氛围,理性对待创新失败。

课堂活动 1-3

测一测:你的创新意识有多强?

现实生活中,有些人的惰性比较强,而有的人则喜欢求新求变,喜欢不断地去尝试、去创造。请填写表 1-1,测测你的创新意识有多强。

1

表 1-1 创新意识测试

序号	测 试 题	选项与得分				
		从不 (1分)	偶尔 (2分)	有时 (3分)	经常 (4分)	总是 (5分)
1	我不随波逐流					
2	我不断追求事业进步					
3	我发言直爽而无顾忌					
4	我的思想比较活跃					
5	我对新知识有兴趣					
6	我的时间宝贵					
7	我敢于向工作中的困难挑战					
8	我提建议较多					
9	我的求知欲望强					
10	我不迷信权威					
11	凡事我都有主意					
12	新鲜事物很容易吸引我的注意力					
13	我看问题时站得高望得远					
14	我兴趣广泛					
15	我不墨守成规					
16	我不害怕做从来没做过的事					
17	我喜欢做新颖的工作					
18	我的主意多					
19	我对事情喜欢刨根问底					
20	我相信自己不比别人差					

说明：

得分在 25～50 分之间，创新意识较弱；

得分在 51～75 分之间，创新意识中等；

得分在 76～100 分之间，创新意识很强。

单元四 开发创新能力

问题导学

1. 创新能力有哪些具体表现形式？
2. 如何科学测量创新能力？
3. 如何开发自己的创新能力？

案例导入

中国科技创新力闪耀世界

"惟进取也，故日新。"创新是经济的活水，在今天的中国，处处都可以感受到"日新"的气息。"新"潮澎湃的中国不仅展现出经济创新发展的良好势头，而且通过不断拓展国际科技创新合作的领域和空间，和世界一起书写未来。近期，中国创新元素闪耀两大国际展会。在西班牙巴塞罗那举行的全球技术"盛宴"——世界移动通信大会上，中国企业在 5G-A、人工智能等领域发布创新产品。在已有百年历史的日内瓦国际车展上，中国车企展现出"绝对一流、前沿的科技实力"。5G-A 商用元年，中国企业成为中坚力量；新能源时代，中国品牌影响力日益扩大。在数字技术、新能源等全球竞争的重要赛道上，中国的创新力成为新兴产业孵化器、传统产业升级推进器，为经济持续健康发展注入新动能。

2023 年，中国在世界知识产权组织发布的全球创新指数中排名第 12 位，拥有的全球百强科技创新集群数量跃居世界第一。科技引领新兴产业发展，也助推传统产业升级。

（资料来源：樊宇，中国科技创新力何以闪耀世界，新华网，有改动）

当今社会的竞争是人才的竞争，而人才竞争的实质是创新能力的竞争。创新是知识经济的灵魂，创新能力是高素质人才必备的基本素质，也是高素质人才的核心竞争力。个人唯有不断提高自身的创新能力，才能取得成功。

1

一、创新能力的概念与构成

(一) 创新能力的概念

创新能力是人们在已有思想、知识和技术的基础上,提出新思想、新理论、新方法和进行发明创造的能力。如果将人类的各种能力分级的话,那么创新能力就是最高级别的能力。

(二) 创新能力的构成

1. 处理问题的能力

每个人在一生中都会面临许许多多的问题,只有处理好这些问题,才能实现自身发展目标。处理问题的过程通常包含发现问题、分析问题和解决问题三个阶段。由此,处理问题的能力也可以被概括为发现问题的能力、分析问题的能力和解决问题的能力。

(1) 发现问题(包括提出问题、形成问题)。它是个体在已有知识、经验和信息的基础上,对客观存在问题的情境、状态、性质等重新加以发现和认识的过程。提出问题的类型通常包括研究型问题、发现型问题和创造型问题三种。所谓发现问题的能力,就是个体发现那些难以察觉的、隐藏在习以为常的现象背后的问题的能力。个体可以从纷繁复杂的各种表象中,发现问题出在哪里,产生问题主要原因是什么。发现问题是分析问题、解决问题的前提和基础,因此,发现问题的能力是创新能力极其重要的组成部分。

(2) 分析问题。它是指个体对于已提出的问题(包括已形成的问题),寻找、收集相关资料,分析处理有关信息,直至弄清问题本质的整个过程。分析问题的能力是个体通过思维认识问题各个方面的特性,特别是认识问题本质的能力。只有对问题的各个方面和不同的特征进行认真系统的比较、分析和研究,人们才有可能认识那些没有直接作用于人的感觉器官的种种事物、事物之间本质的联系,以及问题的属性,人们才有可能解决问题。

一个人分析问题的能力与其观察能力、认知水平密切相关,但分析问题的能力在本质上是思维决定的。个体在分析问题时的思维活动是相当复杂的,很难用语言描绘出来,犹如一部复杂的机器在运转,凡经历过重大问题分析的人都会有深刻的体会。在分析问题的过程中,个体往往要调动大脑中储存的大量有关知识,运用多种思维方法,才能取得满意的分析结果。

术业有专攻,分析能力较强的人往往在自己擅长的领域里有着独到的见解和成就,能够达到常人难以达到的境界。个体分析问题的能力在很大程度上取决于后天的训练。

(3) 解决问题。它是指个体面对已提出的问题(包括已形成的

小贴士 1-2

创新能力来源于创新意识,而创新意识是创新行为的前提。创新能力没有性别、年龄的差异,智商不是决定创新能力的唯一因素。人人天生都有一定的创新能力,创新能力也可以通过训练、教育来开发。

1

问题)和分析结果,在尚无现成的解决办法可用时,使问题从初始状态向目标状态转化,直至实现目标的全过程。解决问题能力是从所有职业活动的工作能力中抽象出来的,具有普遍适应性和可迁移性的一种核心技能。利用它能够准确地把握问题的关键,利用有效资源,提出意见或方案,并付诸实施,使问题得到解决。它是从事各种职业活动都需要的能力。

在现实工作、生活中,人们非常重视个体解决问题的能力。文凭是入门的通行证,解决问题的能力才是晋级的许可证。知识经济时代更强调"实用人才观",衡量某个人是不是"人才",最重要的标准就是其解决问题的能力。你能解决别人所解决不了的工作中的问题,你就是"人才"。能解决"大问题"的就是"大人才",能解决"小问题"的就是"小人才",能解决专业问题的就是"专业人才"。

总之,处理问题的能力是由发现问题(包括提出问题、形成问题)的能力、分析问题(包括尝试解决问题)的能力和解决问题的能力构成的。处理问题的能力最终会以创新方法和创新成果等形式表现出来,并获得确认和评价。

> **拓展阅读 1-6**
>
> 　　从一名普通工人成长为公司的现场管理者;从一个技术"小白"成长为广汽集团的创新先锋;从一个邻家女孩成长为巾帼能手——她就是在创新路上孜孜以求的广东省党代表、广州樱泰内装制造部内装科科长王浪潮。
>
> 　　"问题在我,问题到我这里为止。"这是王浪潮的工作准则。之前,护指环是由铁丝弯制而成,易脱落、断裂,防护面积小。王浪潮通过与同事们的探讨,研制出了一款防护性能好,让手不能伸入机针危险区域的护指环,使针扎手率降为零。
>
> 　　车缝的整个过程中都需要人手扶作业,劳动强度大,作业时间长,劳动力成本高,而且生产效率低。王浪潮和同事一起,研制出了多种代替手扶作业的自动车缝治具,每年降低成本约20.8万元。
>
> 　　党的二十大报告指出:"以国家战略需求为导向,集聚力量进行原创性引领性科技攻关,坚决打赢关键核心技术攻坚战。"但一个人的创新力量很小,大家合作,创新力量才会更大。王浪潮的经历是广汽集团创新企业文化的一个缩影。每年11月,广汽都会举办"创新广汽"活动,截至2022年已举办16届,质量控制累计参与人数达62万,收集产品改善意见530万条,创造直接经济效益超95亿元。
>
> 　　(资料来源:广州樱泰内装制造部内装科科长王浪潮:让工作中的问题"到我为止",广州文明网,有改动)

　　2. 想象力

创新必须依靠丰富的想象力。爱因斯坦曾经说,想象力比知识更重要,因为知识是有限的,而想象力是无穷的,它可以推动社会进步,而且是知识进化的源泉。亚里士多德也精辟地指出,想象力是发现、发明等一切创造活动的源泉。

人们在实践活动中,不仅能感知当时作用于自己感觉器官的事物,回忆起当时不在眼前而曾经见过的事物,还能在自己已有知识和经验的基础上,在头脑中构建自己从未

1

见过的事物的新形象。这种在头脑中创造新事物的形象,或者根据口头语言和书面文字(图样、符号等)的描述形成相应事物形象的认识活动,就是想象。

实践证明,想象力影响乃至决定着创新能力的方向,它是创新能力的核心要素之一。一般而言,想象力越强,创造力也就越强;没有想象力,就没有创造力,就没有我们人类光辉灿烂的文化演进和文明成果。从人类自身发展进化的过程看,想象力是促进人类成长进步的一种极其重要的推动力。唯有想象力才能让人们超越已知,走向未知。

想象力每个人都有,但由于想象的方式、方法不同,想象的价值和结果也大不相同。一般来讲,有价值的想象有可靠的依据,能够深刻反映事物的本质,而且角度独特、新颖、与众不同。

3. 独创能力

独创能力是一种个体寻求产生不同寻常的思想,以及新奇的、独特的解决方案的能力。有独创能力的人能构思出别人想不出来的概念,发现别人看不到的问题。独创能力是一种求新求异的能力。具有独创能力的人往往独具卓识,能提出新创见,找到新的发现,实现新的突破,具有开拓性;而缺乏独创能力的人只会一味地模仿、盲从,只知道遵从传统、习惯,日复一日地进行一些简单的活动,说千篇一律的话。

独创能力是创新能力最本质的核心要素,不仅包括个体的独创能力,还包括团队的独创能力,它反映一个人或一个团队创新能力的高低。同时,独创能力是人们在创新活动的各个阶段、各个领域都必须具备的最基本的能力,无论是在技术开发还是在生产、管理和营销上,甚至在日常生活和学习中,它都不可或缺,是创新能力的重要组成部分。

 案例故事 1-6

衬衫领子的创新

1991年春,金吉列制衣有限公司的总经理通过对市场的缜密调研,发现一般男式衬衫的领口开得偏高,领子会挤压颈部。因此,他大胆地挥起剪刀将衬衫领口和两侧衣领的尖角分别剪下一厘米,解决了男式衬衫领口卡脖子的问题,同时使领口线条更加柔和,穿着更为舒适。此种衬衫一经推出,便十分畅销,为广大男士所接受。

两片领子组合起来形成了一个"八"字,象征着吉祥如意。"一见'如意领',就知金吉列"的广告词深入人心。金吉利牌"如意领"男士衬衫也成为国际衬衫行业中第一个拥有专利保护的产品。"如意领"造就了公司品牌,总经理杰出的独创能力也使公司日益壮大,在竞争激烈的衬衫行业里后来居上,占据了市场。

4. 变通能力

变通能力是指个体的思维从一类对象迅速地转变到另一类对象上的能力。它要求人们能够从一种思想上转换到另一种思想上,或从多角度思考问题,能用不同方式研究问题。具有变通能力的人,一般都能根据客观情况的变化来解决问题,思维灵活,不被条条框框限制,敢于提出新观点、新方法。

实践表明,不会变通的人不管是在生活中还是在工作中都会有很大的局限性,有可能几年、十几年、几十年都是一个老样子。而凡是在创新上大有作为的人,都思路开阔、妙思泉涌。创新需要找到不同的应用范畴或新的观念,越是能带来突破的创新,越需要借助其他领域的知识,吸收其他领域的思想。由此可见,变通能力非常重要,在当今这个多元化的时代,要跟上时代的脚步,就必须具备多元化的思维,而想要具备这种思维,就必须努力提升自己的变通能力。

5. 生成创意的能力

在生活、工作等各个方面,人们总能在不经意间发现创意,可以说创意无处不在、无时不有。生成创意的能力,就是个体在已有的知识、理论的基础上,充分发挥主观能动性,创造性地提出新思路、新方法、新方案、新模式的能力,简单地说,就是个体提出新点子的能力。思路决定出路,能够提出新思路、新招数,就能够发现创新的前景。创意是创新的起点,没有创意就没有创新。可以说,生成创意的能力体现了智慧与经验的汇集、知识与灵感的碰撞、天分与勤奋的交织。

6. 制订方案的能力

创新设想能否实现,取决于方案的制订和实施。制订方案就是把创新想法转换成具体的实施方案。创新想法如果没有转换成可执行的方案,就无法实现其应有的价值。创新方案要有明确的目标,这样我们才有努力的方向;创新方案是前所未有的,在实施过程中必然会遇上新问题,要设计好解决问题的方法和途径;创新方案要有明确的实施步骤。

创新方案没有现成的方案可以借鉴,从设想、构思、证明到具体的设计、修改、完善都需要做大量工作,遇到困难甚至失败都在所难免。所以,创新方案需要反复修改、完善。

7. 评价能力

评价能力是指通过评审,从多个方案中选择最优方案的能力。在创新活动中,我们需要冲破约束,解放思想,提出大胆的设想、构思和方案。对形成的多个方案,如果遇到技术上、经济上或其他方面的问题,不对其进行评估,就会造成人力、物力、财力的极大浪费,甚至造成不良社会影响。

对方案的评价贯穿方案产生、实施的各个阶段。产生阶段要从多个方案中选出最优方案;实施阶段往往需要步步评价,以确定创新的价值和水平,不断修正创新的方向,评价方案的实施是否达到了预期效果,还有哪些需要改进的地方。

可以从技术评价、经济评价和社会评价三个方面综合评价创新方案。技术评价围绕功能进行,经济评价围绕效益进行,社会评价围绕对社会各个方面可能带来的影响进行。

1-2
测试:创新能力
测试一

1-3
测试:创新能力
测试二

1-4
测试:创新能力
测试三

二、创新能力的提升

在我国参照国际惯例推出的人才综合素质评价的八种核心能力测评标准中,创新能力占据极其重要的地位,主要表现在两个方面:其一,创新能力在人们终身发展能力的三个层次中居于核心地位。其二,创新能力是八种核心能力的核心,具有与其他七种能力紧密结合的特性,如图1-2所示。

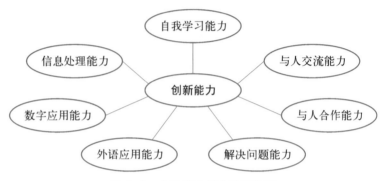

图1-2　八种核心能力及其关系

研究表明,创新能力具有独特性、普遍性、广泛性、开发性、优化性、结合性等一般特征。创新能力还与许多非智力因素关系密切,如创新知识、创新意识、创新精神、创新情感、创新思维、创新信念,它是这些因素相互依存、相互渗透、相互制约、相互促进的有机整体。

诸多事实证明,细微的观察力,深刻的洞察力,强烈的好奇心,大胆设想、勇于探索的精神,发现问题、分析问题、解决问题的能力等创新素质,都可以有目的、有计划地去发现和培养。在创新能力的开发和培养中,智力条件只是必要条件,并不是充分条件。也就是说,创新能力是能够通过训练、开发得到提升的。

创新能力的提升通常从以下几方面着手。

（一）增强自主创新的意识

自主创新,关键在自主,核心在创新。对于自主创新,要避免陷入以下几个误区:一是重创新过程而轻创新结果;二是重创新数量而轻创新质量;三是重一般的技术创新而轻科技含量高的核心技术的创新;四是重创新而轻知识产权的保护;五是重引进国外技术而轻国内研发力量开发。增强自主创新意识,就是要牢固树立以"我"为主的思想,以掌握核心技术、发展壮大知识产权储备为宗旨,正确处理各方面的关系,有效整合创新资源,全面提高自主创新的能力,保证自主创新取得良好的效果。

小贴士1-3

创新能力的高低与个体的遗传因素有关。但是,遗传因素并不决定一切,后天的环境影响也关系重大。在遗传因素、成长环境的基础上,是否勇于实践才是决定一个人创新能力高低的关键因素。

1

(二) 培育顽强的创新品格

创新品格不是与生俱来的,而是通过后天的培养逐步塑造的。创新品格是创新创造的前提,没有创新的愿望和动机,就不可能从事创新活动。通常,创新品格是通过动机、信念、意志、情感等表现出来的。因此,培育创新品格就是要培育顽强的创造动机、坚定的成功信念、坚强的创造意志、健康的创造情感、大胆的质疑精神及勇敢的独创精神。

(三) 提升独立思考的能力

提升独立思考能力需要克服三个思想障碍。① 唯书。不从实际出发,不顾变化了的客观情况,对书本、理论、文件采取先入为主的态度,机械地照搬照用、照抄照套,习惯于从书本中找答案。② 唯权、唯上。盲目听从上级、领导和专家的意见,不管其正确与否。③ 因循守旧。对新理论、新观念、新事物总持怀疑态度和排斥心理,对陈旧或过时的东西心存留恋。要培养和提升独立思考能力,坚持以批判的态度学习,不盲目迷信书本、理论、权威。只有独立思考,才能吸收有益的知识,将之变为自己的学识,同时使自己具备创新型的知识结构。

1

思考与练习

（一）回顾总结

1. 通过本专题的学习，我懂得了：_____

_____

_____。

2. 通过本专题的学习，我掌握了：_____

_____

_____。

（二）案例分析

动物管理员发现袋鼠从围栏里跑了出来，急忙开会讨论，大家一致认为是围栏过低的缘故，于是决定将围栏由原来的 5 米加高到 10 米。第二天，他们发现袋鼠又跑了出来，于是又开会，决定将围栏加高到 20 米。没想到第三天袋鼠还是跑了出来，于是管理员们决定一不做二不休，将围栏加高到 100 米。

长颈鹿问袋鼠："你看，他们会不会继续加高围栏呢？""很难说"，袋鼠回答，"如果他们总是忘记关门的话！"

阅读这个寓言故事，联系实际，谈谈你对创新的感悟。

（三）课后实践

《创新中国》是一部讲述我国科技成就和创新精神的纪录片，是一部以创新思维、创新内容记录中国的精品之作。它聚焦信息、制造、生命、能源、空间与海洋等深具影响的领域，在宏大的国际视野里探讨中国的创新成长及产生的世界影响力。该片呈现的是一场浩大宏伟的中国创新实践，记录身体力行推动中国创新的个体与群像，从政府、企业、个人等多角度思考中国社会的发展与进步。

登录 CCTV 节目官网，观看这部纪录片，并在主题班会上发表你的观后感。

专题二
创新思维与创造技法

引导语

　　同学们,你是否曾意识到,你在学校中和社会上的所见所闻,以及你学习到的所有知识,无不是前人创新创造的成果?

　　"苟利于民,不必法古。苟周于事,不必循旧。"创新是人类社会发展的根本动力。我们每个人都是这场变革的参与者。然而,仍旧有一部分同学固守旧思维,处理问题时依赖传统的方法和经验,要么不愿意改变,要么缺乏突破的勇气。时代在进步,新的问题需要用新的思维和方法去解决。如果缺乏创新思维,仍旧保守应对,新的问题就难以得到有效解决。那么,你是否了解创新与创造的魅力所在呢?

　　通过本专题的学习,同学们可以深入了解创新思维的概念和特征,突破思维的局限,掌握创造技法,解锁那些能够启发想象、激发潜能、突破常规的思考方式,培养良好的创新习惯,提升自身的创新素养。

学习目标

1. 了解主要创新思维模式的概念和特征。
2. 运用具体方法与技巧进行创新思维训练。
3. 打破思维惯性,强化创新意识,提升创造水平。

建立创新思维理念

问题导学

1. 为什么说我们必须掌握创新思维，否则就很难适应今天的复杂世界？
2. 进行创新思维的主要障碍是什么？
3. 怎样才能掌握创新思维？

案例导入

3D 量体体验机

陈婕的父母从 20 世纪 90 年代开始创业，从事高星级酒店制服的供应。为解决传统服装业的转型升级问题，2021 年，陈婕注册成立了上海未马智能科技有限公司。她根据自己的专利技术，采用了极为复杂的神经元算法，推出了自己研发的 Pixure 系统软件。这是一款傻瓜式拍照量体软件，体验者无须更换紧身衣物，软件也不会进行正面照、敏感信息采集。当 Pixure 采集到人体数据后，系统将通过人体骨架探测自动识别该用户的体型大类和身型特点，并根据基础版型自动变版。一年后，陈婕与团队成员打造的 3D 量体体验机成型面市。它就像一个可进行量体的个性化时尚体验舱，内置摄像头，可智能抓取当前体验者的穿着情况，并支持虚拟试衣、AR 试穿等。这种线下体验机可以进入高端商场、办公园区，支持多品牌或单一品牌展示，将体验、互动、售卖三合一。线上小程序与线下体验机的联动，有希望打造出服装业的新零售生态。

随着产品技术的不断迭代更新，由拍照量体软件、制服采购系统和自动变版系统组合而成的智能化数据平台，已实现了销售、量体、归档、制单及采购的无人化操作。这样的数字化平台可以为客户提供远程自助采购、集团统一管理、订单高速流转、全库存可视化等超值服务，大大提升了传统服装业的运转周期与效率。这样的创新举措将为服装业转型、升级打下坚实基础，具有示范性的意义。

创新思维是人类思维活动中最积极、最活跃和最富有成果的思维形式。人类如果没有创新思维，也许今天仍生活在茹毛饮血、刀耕火种的蒙昧时代。从钻燧取火到大规模使用火种，从驾驭牲畜到驾驶汽车，从农业经济社会到知识经济社会，从知识短缺到信息爆炸，人类能够一步步走到今天，靠的就是创新思维。

2

一、创新思维概述

创新思维是思维的最高表现形式,它通过重新组织已有的知识、经验,用新的方法和程序解决问题,并创造出新的思维成果。从本质上看,创新思维实际上是一种打破常规、另辟蹊径,使思维成果具有新颖性、独特性和创造性的思维方式。对创新思维应从两个方面加以把握:首先,它是能够产生创造性成果的思维;其次,它在思维形式、思维过程、思维方法等方面富有独创性。思维方法、思维形式、思维过程的独创性,是思维成果富有创造性的前提。

创新思维是与常规思维相对而言的。常规思维是从已有的知识和经验中引申出解决问题的方案,或者运用已有的知识和经验去重复地解决前人已经解决的问题的思维方式;而创新思维不是照搬书本知识和已有经验去解决问题,而是根据现实情况,突破理论权威及现有方法、思维定式的束缚,以新颖、独特的方式,从多角度独立思考并首创性地解决问题的思维方式。创新思维与常规思维的区别主要表现为:从思维过程来看,遵循现成的规律、方法的思维是常规思维,没有现成的规律、方法可以遵循的思维是创新思维;从思维结构来看,思维成果不是前所未有的思维是常规思维,思维成果是前所未有的思维是创新思维。

二、创新思维的主要特征

(一)新颖性

创新思维以新颖、独特、求异为目标。无论是科技发明还是文艺创作,无论是理论研究还是具体解决方案的探索,无论是制度变革还是产品革新,都不拘泥传统,不迷信权威,不盲从众人,力求在时间、空间、观念、方法等方面另辟蹊径,实现超越。

(二)突破性

创新思维旨在打破传统和常规,开辟新颖、独特的思路,易于发现事物之间的新联系、新规律,具有突破性。

●2-1

文本:"金刀"柳克祥:在创新路上不断走下去

2

（三）跳跃性

创新思维注重事物的非逻辑联系，有时甚至是反逻辑联系。创新思维常常具有跳跃性，省略了逻辑推理的中间环节。创新思维跳跃性的典型表现就是急中生智、"眉头一皱，计上心来"。

（四）灵活性

创新思维灵活性的主要表现在于以下两方面。① 变通性，主要有方向变通、时间变通、空间变通、性质变通、形状变通、功能变通、蕴含变通等。通过变通，创新思维可以适应变化了的各种情况。② 摆脱惯性。在思维方向上，创新思维不以僵化的方式去看待事物和问题，而是以不同的方式去看待和处理各种信息。

（五）独特性

独特性主要表现为与众不同、独具慧眼。在思路探索和思维结论上，能提出新的见解，找到新的发现，实现新的突破，具有开拓性、延展性和突变性。独特性是创新思维的本质特征。

（六）综合性

创新思维是许多因素结合在一起的综合性思维活动。创新思维要求把对事物各个侧面、各种属性的认识综合为一个整体。同时，在创新思维过程中，有许多因素参与其中，包括知识因素、智力因素、能力因素、个性因素及身体因素等。因此，创新思维的过程也是一种身心综合性劳动的过程。

三、创新思维方式

（一）发散思维

1. 概述

发散思维也叫扩散思维、分散思维，是指大脑在思维时呈现一种扩散状态的思维方式。它表现为思维视野广阔、思维呈现多维发散状，是创新过程中常用的、极为重要的思维方式。它从思考对象出发，对周围的其他事物进行发散思考，实质是由一个信息产生多个信息的思维方式，如"一题多解""一事多写""一物多用"。

2. 特征

发散思维具有四个基本特征。

（1）流畅性。通过发散思维，人在短时间内能连续地表达出多种观念和设想，这是发散思维"量"的指标。发散思维的过程流畅，没有阻碍，在短时间内就能得到较多的思维成果。

（2）灵活性。发散思维的思路能迅速转换，可举一反三、触类旁通，从而形成不同凡响的观念、解决方案，产生超常的构想。灵活性是发散思维"质"的指标。

（3）独创性。独创性表现在发散思维成果的新颖、独特、稀有上，这是发散思维的灵魂和本质。

（4）精致性。通过发散思维，人们能想象、描述事物的具体细节。

2

3. 作用

发散思维的主要作用包括以下方面。

(1) 保障作用。发散思维的主要功能就是为下一阶段的收敛思维提供尽可能多的解决方案。这些方案不可能每一个都完全正确,都有价值,但一定要达到足够的数量。如果没有发散思维提供大量可供选择的方案,收敛思维阶段也就无事可做。由此可见,发散思维在整个创新思维过程中起着重要的保障作用。

(2) 基础作用。发散思维的基础作用主要表现为创新思维的技巧、方法许多都与发散思维有着密切的关系,比如奥斯本头脑风暴法中最重要的一条原则就是自由畅想,要求参与者不受任何限制地去寻找解决问题的办法,实际上就是鼓励参与者进行发散思维。

(3) 核心作用。发散思维在整个创新思维结构中起核心作用。如果想象是人脑创新活动的源泉,那么发散思维就为泉水的流淌提供了广阔的通道。发散思维从一个一个的"点"出发,冲破逻辑思维惯性,让想象得以在广阔的天空中自由地飞翔。

拓展阅读 2-1

10 减 1 等于几? 答案是 9。对,可也不完全对。

如果窗户上有 10 只苍蝇,用苍蝇拍打掉 1 只,问窗户上剩下的苍蝇数,这里的 10 减 1 就不一定等于 9,很可能 1 只也没有了。

如果鱼缸里有 10 条金鱼,死了 1 条,问还剩几条金鱼,那么 10 减 1 可能还等于 10。

如果夜里点燃了 10 支蜡烛,被风吹灭了 1 支,问到天亮还剩几支,那么答案可能是 1,因为其余的蜡烛都燃尽了。

如果桌子有 10 个角,砍掉 1 个角,那么 10 减 1 还是不等于 9,因为我们将看到 11 个角。

好了,如果现在再问 10 减 1 等于几,你还会认为答案只有 9 吗?

是的,生活的智慧不同于简单的数学逻辑。"10 减 1"现象告诉我们:如果你要到罗马去,你可以找到很多条路,只要转一下身体或是换一个角度就可以了。拥有"10 减 1"的智慧,需要有开阔的视野,需要具备多角度观察事物的能力。

唯物辩证法告诉我们:事物都是一分为二的。看事物不仅要看到它的这一面,还要看到那一面。就如前面这道看似简单的题目,如果在数学领域,我们只能得出一个答案。但如果跳出这个圈子,赋予"10"不同的具体事物指代,答案就丰富起来了。如果我们有探索的兴趣,就会发现,将苹果换一个切法,里面能看到五角星;如果我们有足够的幽默感,我们也能用"天真"造出"今天真热"这样的句子。

苏轼曾经写过一首哲理诗:"横看成岭侧成峰,远近高低各不同。不识庐山真面目,只缘身在此山中。""横""侧""远""近""高""低",都是"看"的不同角度。视角不同,所看到的景物自然也不相同。发散思维就如同苏轼看庐山,都是从不同的角度去思考问题。

（二）收敛思维

1. 概述

收敛思维又叫求同思维、聚合思维、集中思维、辐集思维。收敛思维是以某个思考对象为中心，从不同方向和不同角度，将思维指向这个中心点，以解决问题的思维方式。这种由问题引起的思维是有目的、有方向、有范围的，可由已知的和传统的方法获得结果，因此，它是一种封闭性、集中性的思维方式。

作为一种从众多答案或方案中寻求唯一正确答案或最佳方案的思维方式，收敛思维始终将思维集中于同一方向，使思维条理化、简明化、逻辑化、规律化。收敛思维是相对于发散思维而言的，它的特点正好与发散思维相反。实践中，往往是先进行发散思维，越充分越好；再在发散思维的基础上进行收敛思维，从若干个方案中找出一个最佳方案，再将其他方案的优点补充进来加以完善。这就是"以量求质"策略。因此，收敛思维与发散思维如同一个硬币的两面，是对立的统一，具有互补性。

2. 特征

收敛思维具有三个主要特征。

（1）封闭性。如果说发散思维的思考方向是以问题为原点指向四面八方的，具有开放性，那么，收敛思维则是把许多发散思维的结果由四面八方集合起来，选择一个合理的答案，具有封闭性。

（2）连续性。发散思维是一种跳跃式的思维方式，设想间可以没有任何联系，具有间断性。收敛思维的进行方式则相反，是一环扣一环，具有较强的连续性。

（3）求实性。在收敛思维阶段，人们要对发散思维阶段产生的众多设想进行筛选。对被选择出来的设想按照实用标准来决定取舍，确保其切实可行。因此，收敛思维具有较强的求实性。

拓展阅读 2-2

在一次战争中，A 军和 B 军交战时，A 军的一个旅在前线构筑了一座极其隐蔽的地下指挥所。指挥所里的人员深居简出，行踪隐秘。不幸的是，他们只注意了人员的隐蔽，而忽略了长官养的一只小猫。B 军的侦察人员在观察战场情况时发现：每天早上八九点钟，都有一只小猫在 A 军阵地后方的一座土包上晒太阳。

B 军依此判断：

（1）这只猫不是野猫，野猫不会在炮火隆隆的阵地上出没；

（2）猫的栖身处就在土包附近，很可能是一个地下掩藏部，因为周围没有人家；

（3）根据仔细观察，这只猫是名贵的波斯猫，在打仗时还养猫的绝不会是普通的士兵。

据此，他们判定那里一定有 A 军的指挥所。随后，B 军集中六个炮兵营的火力，对那里实施猛烈袭击。事后证明，他们的判断完全正确。

B 军能做出准确判断，使用的就是收敛思维方式。

2

(三) 逆向思维

1. 概述

逆向思维也叫求异思维,它适用于解决用常规思路难以解决的问题,是采取反向思维实现创新和突破的思维方式。逆向思维对司空见惯的、似乎已成定论的事物或观点反过来思考,通过反其道而行之,让思维向对立的方向发展,从问题的反面进行深入探索,寻求解决办法。

人们习惯沿着事物发展的正方向去思考问题。其实,对于某些问题,尤其是一些特殊问题,从结论往回推,倒过来思考,或许会使问题简单化。有人落水,常规的思维模式是"救人离水",而司马光面对紧急险情,运用了逆向思维,果断地用石头把缸砸破,"让水离人",救了小伙伴的性命。

🏆 案例故事 2-1

"凤尾裙"和无跟袜的诞生

某时装店的经理不小心将一条高档呢裙烧了一个洞,致使呢裙的价值一落千丈。如果用织补法补救,也只是蒙混过关,欺骗顾客。这位经理突发奇想,干脆在小洞的周围又挖了许多小洞,并精心修饰,将其命名为"凤尾裙"。该时装店一下子出了名,"凤尾裙"销路顿开。逆向思维给其创造了可观的经济效益。

无跟袜的诞生与"凤尾裙"异曲同工。因为袜跟容易破,一破就毁了一双袜子,商家运用逆向思维,成功研制无跟袜,同样创造了非常好的商机。

2. 特征

逆向思维的主要特征如下。① 批判性。逆向思维是对传统、惯例、常识的反叛,是对常规的挑战。它能够突破思维定式,破除经验和习惯造成的僵化的认识模式。② 新颖性。逆向思维能克服习惯性思维障碍,结果往往出人意料,给人耳目一新的感觉。③ 普遍性。逆向思维应用非常广泛,在各种活动、各种领域中都适用。

(四) 灵感思维

1. 概述

灵感思维是凭借直觉而进行的快速、顿悟性的思维,它不是一种简单逻辑或非逻辑的单向思维运动,而是反映了逻辑性与非逻辑性相统一的理性思维过程。现代科学研究表明,灵感是思维发展到高级阶段的产物,体现了人脑的高级感知能力。

钱学森曾经指出:"我认为现在不能以为思维仅有逻辑思维和形象思维这两类,还有一类可称为灵感思维。也就是人在科学和文艺创作过程中突然出现的、瞬息即逝的短暂思维过程。它不是逻辑思维,也不是形象思维,这两种思维持续的时间都很长,而灵感思维持续时间极短,几秒钟而已。总之,灵感思维是人们可以控制的又一种大脑活动,这种思维也是有规律的。"

灵感思维是人们在文艺创作、科学研究中突然超水平发挥创造力的一种特定心理状态。因此,灵感不是唯心的、神秘的东西,它是客观存在的,是思维的特殊形式,是一种将问题瞬间澄清的顿悟。科学史上许多重大难题就是靠这种灵感的顿悟,奇迹般地得到了解决。

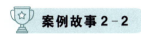 **案例故事 2 - 2**

55℃杯

生活中,你也许经历过这样的场景:口渴,但是水太烫,不敢入口;滚烫的水被打翻而导致烫伤;吃药时,因为水太烫而暂时放下,结果放得太久,忘了吃药……这种生活小意外经常发生。设计师贾伟 2 岁的女儿因为水太烫被烫伤。这段意外而痛苦的经历启发了他创新的灵感,他研发了一款"快速变温水"的杯子——55℃杯。55℃杯是一款快速变温水杯,是贾伟带领团队自行研发、设计、生产的具有实用新型专利的高科技产品,100℃的开水倒入杯中,摇一摇(约 1 分钟),水温可快速降至可饮用的 55℃。具有这种强大功能的水杯在网络上走红,成了各大电商的新宠。

2. 特征

灵感思维的特征主要有以下几个。① 突发性。在时间上,它不期而至,突如其来;在效果上,它让人突然领悟,意想不到。灵感往往是在出其不意的刹那出现,使长期苦思冥想的问题突然得到解决。这是灵感思维最突出的特征。② 偶然性。灵感在什么时间出现,在什么地点出现,或在哪种条件下出现,都使人难以预测而带有很大的偶然性,往往给人"有心栽花花不开,无心插柳柳成荫"之感。③ 模糊性。灵感的产生往往是闪现式的,而且稍纵即逝,它所产生的新线索、新结果、新结论往往模糊不清。灵感思维表现出的这些特征,从根本上说都是源自它的无意识性。形象思维、抽象思维都是有意识地进行的,而灵感思维则是在无意识中进行的,这是它们的根本区别所在。

(五) 联想思维

1. 概述

所谓联想思维,就是人们从一种事物、现象想到另一种事物、现象,由此及彼,并发现它们共同的或类似的规律的思维方式。联想思维通常建立在人们丰富的生活经历和内心体验的基础上,是对各种不同事物的内部联系进行形象化的类推、想象和重组,通过分析、综合、比较、抽象、概括等一系列思维活动,认识一个事物的关键属性或不同事物的共同属性。在日常生活中,触景生情、触物生意、触文生感都是联想思维的表现。

小贴士 2 - 1

所谓形象思维,主要是指用直观形象和表象解决问题的思维方式。形象思维的基本单位是表象。利用已有的表象解决问题,或借助表象进行联想、想象,再通过抽象概括构成新形象,这种思维就是形象思维。形象思维的特点是具体形象性、完整性和跳跃性。

抽象思维是运用抽象概念进行的思维。其主要特点在于:不是从对象的整体出发,而是着眼于对象的某个方面,剥离对象的其他方面或时间、地点、条件等具体情况去分析和把握对象。抽象思维可分为经验思维和理论思维。概念、判断、推理是抽象思维的基本形式。抽象思维是人类思维的基本方式。

2

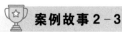 **案例故事 2-3**

陶建辉与"蛙泳教学法"

蛙泳是一种模仿青蛙游泳动作的游泳姿势,它不仅是最古老的泳姿之一,而且是一种竞技游泳姿势。蛙泳时人体俯卧水面,两臂对称直臂侧下屈划水,两腿对称屈伸蹬夹水,似青蛙游水。蛙泳较省力,易持久,实用价值大,常用于渔猎、泅渡、救护、水上搬运等,同时,也是游泳初学者的学习项目。

陶建辉是一名普通的游泳教练,他观察到,许多学员在学习蛙泳的过程中难以掌握正确的呼吸和动作配合,于是通过对传统蛙泳教学方法的不断联想和思考,发明了一种创新性的蛙泳教学法。他联想到青蛙的游泳动作,将蛙泳动作拆分成数个简单的步骤,以系统化和科学化的方法教授给学员。这一创新的教学法极大提高了学员的学习效率和游泳水平,是游泳教学领域的一大突破。陶建辉通过拆分和重组,将复杂问题简单化,创造性地解决了传统教学法难以克服的难题。这启发我们在面对挑战时,可以尝试将问题拆分、重新组织,以创新的视角寻求解决方案。

2. 特征

联想思维具有如下特征。

(1) 形象性。联想思维属于形象思维的范畴,它的基本思维元素是表象,具有明显的形象性。

(2) 连续性。联想思维最为神奇的地方就在于它的连续性,即由此及彼、连绵不断地进行联想。

(3) 概括性。联想思维可以忽略联想过程中涉及的细节,把联想到的思维结果呈现出来,整体把握思维活动,因此具有很强的概括性。

3. 类型

联想思维可分为如下几种类型。

(1) 接近联想。接近联想是由于事物空间和时间特征的接近而形成的联想,像由月亮想到星星、由李白想到杜甫、由电影想到电视等。接近联想有助于人们在时间、空间上联想到比较接近的事物,从而产生新的设想。

 案例故事 2-4

太阳牌锅巴

一次偶然的机会,西安宝石轴承厂厂长李照森陪客人到西安饭庄进餐,发现人们对一道用锅巴作为原料的菜肴极感兴趣。这引发了李照森的以下联想:"锅巴能成为菜肴,为什么不能成为一种零食呢?""美国的薯片能风靡全球,作为烹饪大国的中国为什么不能让锅巴零食走出国门呢?"

后来,李照森及其夫人发明了"太阳牌"锅巴片,其生产技术在十多个国家和地区获得专利权,太阳牌系列食品也由此成为风靡全国,并跻身国际市场的名牌产品。

（2）相似联想。相似联想是指因一种事物的外部形状、构造、性质、意义或某种状态与另一种事物相同、近似而产生的联想,其特点是相似而不同质。如由春天想到繁荣,由"毁树容易种树难"联想到"毁掉人才容易培养人才难"等,这种联想也可运用于发明创造过程中。

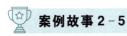 **案例故事 2-5**

鲁班发明锯的故事

相传有一年,鲁班接受了建筑一座巨大宫殿的任务。这座宫殿需要很多木料,他和徒弟们只好上山用斧头砍木头,效率非常低。

一次上山的时候,他不小心抓了一把山上长的一种野草,将手划破了。鲁班很奇怪:这种草为什么这样锋利?于是,他摘下了一片叶子细心观察,发现叶子两边长着许多细齿,用手轻轻一摸,感到这些细齿非常锋利。他明白了,他的手就是被这些细齿划破的。后来,又有一次,鲁班看到一只蝗虫在一株草上啃食叶子,两颗大板牙非常锋利,一开一合,很快就吃掉一大片。这同样引起了鲁班的好奇心,他抓住一只蝗虫,仔细观察蝗虫牙齿的结构,发现蝗虫的两颗大板牙上同样排列着许多细齿,蝗虫正是靠这些细齿来咬断草叶的。

这两件事给了鲁班很大启发。于是他用大毛竹做了一条带有许多小锯齿的竹片,拿到小树上去做试验,果然几下就把树干划出一道深沟,鲁班非常高兴。但是由于竹片比较软,强度比较差,不能长久使用,划了一会儿,小锯齿有的断了,有的变钝了,需要更换竹片。

鲁班便请铁匠帮助制作带有小锯齿的铁片。鲁班和徒弟各拿一端,在一棵树上拉了起来,只见他俩一来一往,不一会儿就把树锯断了,又快又省力。锯就这样发明了。

（3）对比联想。对比联想也称相反联想,是由对某一事物的感知或回忆产生的对和它具有相反特点的事物的联想。对比联想既反映事物的共性,又反映事物相对立的个性,其突出的特征就是悖逆性、挑战性、批判性,例如,由黑暗想到光明,由冬天想到夏天,由黑想到白,由水想到火,由炎热想到寒冷。

 案例故事 2-6

"丑陋玩具"的走俏

一天,一家玩具公司的董事长布什耐在乡村散步时,忽然发现有几个孩子在观看一只奇丑无比的昆虫,看得专心致志、爱不释手。

并不美丽的东西,孩子也喜欢。现在的市场上都是形象优美的玩具,如果生产一些丑陋的玩具投入市场会如何呢?布什耐的大脑中涌现出前所未有的灵感。他马上和公司的开发设计人员进行了研究,决定设计一批形象并不美观的玩具。"疯球"是一串印着许多丑陋古怪面孔的小球儿;橡胶制作的"丑八怪"则长着绿色的皮肤、枯黄的头发、布满血丝且突起的眼球,一眨眼就发出刺耳怪异的叫声。

2

连布什耐自己也没想到,"丑陋玩具"一上市就格外走俏,价格迅速上升,甚至超过了"漂亮玩具"。"丑陋玩具"在孩子们中间很快风行,大街小巷的孩子们手里都拿着"疯球"和"丑八怪"。这类玩具不仅孩子们喜欢,还成了许多成人的玩具。

(4)因果联想。因果联想是指由于两种事物存在因果关系而产生的联想。这种联想往往是双向的,可以由起因想到结果,也可以由结果想到起因。因果联想源于人们对事物发展变化的结果的经验性判断和想象,触发物和联想物之间存在一定因果关系。

☆ **案例故事 2-7**

"自洁薄膜"的发明

德国科学家巴特劳特是一个爱思考的人。一次,他偶然观察到荷叶具有很强的自洁性,不易沾染污垢。为什么荷叶会"出淤泥而不染"呢?为此,他特意做了个试验:将污物洒到荷叶上,再用喷壶洒水,果然,污物和水珠一同滚落,荷叶洁净如初。巴特劳特开始了进一步的研究。他从显微镜里观察到,荷叶表面有许多乳头状的小包,包上有一层很薄的蜡膜,污物只能停留在小包的顶端,很容易被水带走。根据这一发现,巴特劳特发明了用于汽车和建筑物表面的"自洁薄膜",可使灰尘很容易被雨水冲洗干净。今天,这种"自洁薄膜"已被广泛应用。

(六)互联网思维

1.概述

互联网已经越来越广泛地深入人们的生产、生活,普及到世界的各个角落,人际交往、工作方式、商业模式、企业经营、文化传播、社会管理、国家治理等都因为互联网而发生了深刻变化。互联网已经成为这一轮科技革命的标志,相应地,互联网思维也成了我们需要具备的思维方式。

所谓互联网思维,就是在"互联网+"、大数据、云计算等不断发展的背景下,对市场、用户、产品、企业价值链乃至整个商业生态进行重新审视的思考方式。这里所说的互联网不单指桌面互联网或者移动互联网,而是指泛互联网,因为未来的网络形态一定是跨越各种终端设备的,如台式机、笔记本电脑、平板电脑、手机、手表、眼镜。因此,对于生活在这个时代的每一个成员来说,互联网思维都并非一种可有可无的思维,而是必备的思维。没有互联网思维,就难以适应互联网时代的生活,就会落后于时代。

 小贴士 2-2

互联网思维的本质是发散的非线性思维,核心就是四个字:顺势而为。互联网思维具有六大特征:① 大数据;② 零距离;③ 超透明;④ 慧分享;⑤ 便操作;⑥ 惠大众。

2

互联网思维不仅仅局限于在互联网产品、互联网企业方面使用,这种思维方式已经被越来越多的企业家及各行各业、各个领域的人认同。

该如何正确认识和理解互联网思维?

互联网思维具有鲜明的时代特征,是以互联网技术为思维基础,以重视、适应、利用互联网为思维指向,收集、积累、分析数据,用数据"说话"的思维方式。具体地说,其内涵有以下几个方面。

(1) 互联网思维是一种高度重视互联网的思维。倡导培养互联网思维,就是倡导人们重视互联网,认真学习互联网知识,努力掌握互联网的特点,充分了解互联网的作用,清晰认识互联网给生产、生活带来的变革甚至
是颠覆,改变对互联网漠不关心、一无所知、不求甚解的态度。

(2) 互联网思维是一种力求适应互联网的思维。在互联网时代,每一个人都要学会适应互联网。如果不适应,自己的工作舞台、生活空间、自身的意义和价值都只能萎缩,不能拓展。互联网进入大规模应用以来,几乎对所有传统行业和管理模式都形成了巨大冲击,如传统出租车行业、金融业、商业、制造业、物流业、出版业、医疗业、教育行业,甚至一度让不少行业和企业陷入困境。同时,因为互联网应用本身也存在着假冒伪劣、信息垄断、侵犯隐私、宣传过头等问题,批评、谴责、要求限制互联网的声音也此起彼伏。这些声音反映出的互联网存在的问题值得重视,但要求限制互联网的心态,折射的恰恰是少部分人对互联网的不适应,这需要通过强化互联网思维加以改变。

(3) 互联网思维是一种利用互联网的思维。它使人们积极主动地思考如何让互联网作为新型工具,服务于自己的创造性劳动。是否借助互联网,在一定程度上成了传统管理与智慧管理、传统产业与新型产业、传统销售与现代销售、传统金融与现代金融等之间的分水岭。

(4) 互联网思维是一种大数据思维。数据是对客观世界的测量和记录。互联网时代,数据就是资源、财富、竞争力。收集数据、积累数据、分析数据,凭大数据思考,靠大数据决策,用大数据立业,就是大数据思维的体现。众包、众筹、共享经济都是大数据思维的产物。

小贴士 2-3

有企业家指出:"互联网产业最大的机会在于发挥自身的网络优势、技术优势、管理优势等,去提升、改造线下的传统产业,改变原有的产业发展节奏,建立起新的游戏规则。"

今天看一个产业有没有潜力,就看它离互联网有多远。能够真正用互联网思维重构的企业,才可能真正赢得未来。未来一定属于既能深刻理解传统商业的本质,又具有互联网思维的人。

2. 主要内容

互联网思维改变了当前人们的生活方式和商业社会的运行模式。互联网思维的主要内容包括以下九个方面(图2-1)。

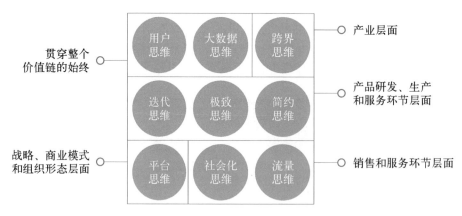

图2-1　互联网思维的主要内容

(1) 用户思维。互联网时代是"用户经济"时代。只有把用户放在核心位置,才能吸引更多流量。用户思维的核心思想是:经营用户而非经营产品,先有用户再有产品,满足用户更多的需求。传统制造思维是以产品为中心的,但互联网时代下产品只是沟通工具,企业的目的是挖掘用户需求,找到满足其需求的一整套解决方案,即"用产品破冰,用方案黏住"。企业只有站在用户的角度,满足他们更多的需求,流量才能变现,才能创造更多的财富。

(2) 大数据思维。科学进步越来越多地由数据来推动,海量数据给数据分析带来了机遇,也构成了新的挑战。数据挖掘与分析将提高企业的核心竞争力。数据就是资源,提炼出的信息就是商业价值所在。大数据往往是利用众多技术和方法,综合源自多个渠道、不同时间的信息形成的。大数据是人工智能的基础,也是产业智能化的基础。记录数据库、分析数据库,都可以开发出深层次信息。大数据思维开启了一次重大的时代转型。用大数据思维思考问题、解决问题是当下的潮流。

(3) 跨界思维。随着互联网等科技的发展,很多产业的边界变得模糊,互联网企业的触角已进入图书、金融、电信、娱乐、交通等领域。跨界思维需要遵循两个法则:一是掌握用户资源;二是大胆进行颠覆式创新。真正有发展前途的企业,一定是手握用户和数据资源,敢于跨界创新的组织。

(4) 迭代思维。互联网时代的变化太快,没有太多时间来让人做计划、做调查,因此,企业需要实时关注用户需求,根据用户需求的变化进行微创新,小步快跑,快速迭代。迭代思维有两个基本特点。一是"微",小处着眼,微创新,从细微的用户需求入手,贴近用户心理,在用户参与和反馈中逐步改进。二是"快",精益创业,快速迭代。俗话说"天下武功,唯快不破",只有快速地对用户需求做出反应,产品才更容易贴近用户。企业要以用户为核心,反复、循序渐进地开发产品,允许存在不足,不断试错,在持续迭代中完善产品。传统企业更要具备迭代意识,这意味着必须实时关注用户需求,把握需求变化。

（5）极致思维。极致思维就是将产品、服务和用户体验做到极致，超越用户预期，让产品说话。用极致思维打造极致产品有三个方法：第一，需求要抓得准（"痛点""痒点"或兴奋点）；第二，自己要逼得狠（做到自己能力的极限）；第三，管理要盯得紧（得产品者得天下）。

（6）简约思维。互联网时代，信息爆炸，用户的耐心越来越不足。因此，必须在短时间内抓住用户。用简约思维来思考品牌和产品规划，定位应力求简单，设计应简洁、简约，专注某个点，少即是多，避免让复杂的功能影响用户体验，在短时间内抓住用户的心。因此，简约思维要遵循两个法则。一是专注。专注才有力量，才能做到极致。二是简约。在产品设计方面要做减法。外观要简洁，内在的操作流程要简化。

（7）平台思维。平台思维就是开放、共享、共赢的思维。平台模式最有可能成就产业巨头，全球最大的100家企业里，有一大半企业的主要收入来自平台商业模式，包括苹果、谷歌等。平台思维要遵循三个法则：一是打造多方共赢的生态圈；二是善用现有平台；三是让企业成为员工的平台，让员工成为真正的"创业者"。

（8）社会化思维。社会化商业的核心是"网"，企业面对的员工和用户都是以"网"的形式存在的。传播链、关系链使得沟通和交流更加便捷，这将改变企业生产、销售、营销等的整个形态。社会化思维要遵循两个法则：一是利用好社会化媒体；二是众包协作。众包是以"蜂群思维"和层级架构为核心的互联网协作模式，要思考如何利用"外脑"，不用招募，便可让"天下英雄尽入吾彀中"。

（9）流量思维。流量是互联网企业的生命之源，不要为流量飙升造成的支出压力而担忧，而应该想着流量即金钱，流量即入口，考虑如何更好地利用流量去盈利才是正确的态度。在互联网上，用户的数量和活跃度直接影响互联网产品的成败。因此，流量思维的核心思想是"吸引更多用户"，也就是说用户群体越多越好。于是，免费模式应运而生，因为只有免费，流量才增长得快。流量思维要遵循两个法则：一是免费是为了更好地收费；二是坚持到质变的"临界点"。任何一个互联网产品，只要用户活跃数量达到一定程度，都会开始产生质变，从而带来商机和价值。

拓展阅读 2-3

互联网在改变消费者购物行为的同时，也改变了企业的营销方式。伴随着互联网的迅猛发展，一种新兴的营销方式——网络营销应运而生，给企业发展带来了革命性的机遇。三只松鼠作为占据中国一大半坚果市场份额的零食企业，是怎么抓住互联网发展的机遇，在互联网营销上下足功夫的呢？

分析网络营销市场环境。随着我国国民收入水平的提高，其消费水平也不断攀升，人们的消费结构由生存型消费结构向享受型消费结构转变，在零食方面的消费支出也逐渐增加，市场环境的利好是三只松鼠发展的优势。与此同时，伴随物质生活的改善而来的是人们精神生活追求的提高，三只松鼠追求健康、绿色及慢生活的理念，与当下消费者追求无公害健康食品的需求不谋而合。三只松鼠的创始人曾表示，三只松鼠公司已经在动漫行业投资千万元，将全力打造动画片与品牌的全新概念,强化品牌知识产权。三只松鼠也巧妙地将品牌动漫化,拉近与消费者之间的距离,提高消费者的满意度。

分析网络营销竞争环境。在坚果市场里,与三只松鼠竞争较为激烈的品牌有良品铺子、百草味等,它们的优势各不相同。三只松鼠的营业额却比良品铺子与百草味高,原因在于三只松鼠的服务优势、服务策略。

分析目标消费者特征。按照消费者性别划分,三只松鼠的女性消费者占53.85%,男性消费者比例占46.15%;按照消费者年龄划分,年龄在21—30岁的比例占到了62.64%;按照消费者职业划分,学生所占比例最大,占消费者总人数的60.44%。因此,三只松鼠针对主要消费者群体设计出品牌漫画形象,以情感化服务俘获消费者的心。

2-2

文本:互联网思维的原则和底线

课堂活动 2-1

创新思维训练

分组进行创新思维训练,回答以下问题。

(1)在三分钟之内,尽可能说出红砖的用途,要求不少于十种。

(2)在野外,怎样才能获得干净的饮用水?

(3)哪些物品含有三角形结构?

(4)给"口"字添两笔,可组成哪些新的汉字?

(5)在一分钟内尽可能多地说出形容"好"的词。

(6)什么"狗"不是狗?什么"虎"不是虎?什么"虫"不是虫?什么"书"不是书?

(7)一个数字,去掉第一位是15,去掉最后一位是30,请问这个数字是多少?

(8)有个农夫死后留下了一些牛,他的遗嘱要求:我死后,妻子分得全部牛的半数加半头;长子分得剩下的牛的半数加半头,正好是妻子所得的一半;次子分得还剩下的牛的半数加半头,正好是长子所得的一半;女儿分得最后剩下的牛的半数加半头,正好是次子所得的一半。结果一头牛也没杀,也没剩下。请问农夫总共留下多少头牛?

(9)数列1、11、21、1211、111221、312211、13112221的下一项是什么?

2-3

文本:创新思维训练参考答案

问题导学

1. 如何区分创新与创造？

2. 有人说头脑风暴法不是解决一切创造问题的灵丹妙药，不能对它寄予过大希望。你对此有何看法？

3. 为什么说创造技法可以帮助人们打破思维惯性，走出思维的"死胡同"？

案例导入

我国高铁技术的发展

21世纪初期，为满足迅速增长的国内交通需求，缓解经济发展压力，我国政府决定大力发展高速铁路技术。这一决策标志着我国将创新定位为促进经济发展的核心战略。通过引进国外成熟的高铁技术，以及提升国内制造能力，我国迅速开始了高铁技术本土化的研发工作。

高铁技术的本土化和标准化，使得我国的高铁技术不仅适应了复杂多变的国内地理和气候条件，还在安全性、节能性及运营效率上达到甚至超过了国际水平。高铁"复兴号"的成功运营，显示了我国在技术创新方面的突破，以及在这一领域的领先地位。

一、创造概述

（一）概念

从每个国家、每个民族、每个行业、每家企业到每个人，只要处在发展中，就都会遇到新情况、新问题，需要采用新的方法来解决。解决新问题的过程就是创造的过程。一般来说，创造是人们在各种社会实践中，充分利用自己的聪明才智，发现新问题、解决新矛盾、研究新事物、产生新思想、推出新产品，以满足物质和精神需要，从而推动人类社会不断向前发展的活动。

创造学中所谓的"创造"，是主体在一定的情境中，通过独创性地解决某个问题，产生某种新观念、新设想、新方法或新产品的思维活动。这一概念主要涉及创造主体、创造性思维过程、创造产品和创造情境四个方面。

（二）创造的特征

创造的基本特征主要包括以下五方面。

1. 主体能动性

创造的主体是人，只有人能够根据发展的需要积极地改变自然。在创造的过程中，人们需要付出比在其他活动中更坚毅顽强、富于灵感的高智能劳动。

2. 新颖独特性

创造活动与人类其他活动相比，最大的区别是具有新颖性。人类的生产实践活动多种多样，也能获得各种各样的劳动成果，但并不是所有的实践都属于创造活动，所有的劳动果实都是创造成果。创造是在前人、自己或他人已有成果基础上的开拓、扩展，追求的是新颖、独特和新奇，而不是简单的模仿、重复或抄袭。只有创造活动才能获得前所未有的、富有新颖性的成果。

3. 人为目的性

任何创造活动都是具有某种特定目的的实践活动，换句话说，人们总是为了实现某种目的而从事创造活动。创造是人们根据各自不同的需要，合理运用现有条件提出各种设想，并通过不懈努力将其实现的活动。

4. 研究探索性

创造通常是在知识、手段、方法等不甚充分的条件下进行的，需要深入研究，不断探索，反复试验。

5. 社会价值性

创造通常具有一定的社会价值，即对社会进步具有某种积极意义。这种价值可以是多方面的，包括学术价值、经济价值、审美价值等。如果说对科学领域的创造主要看其学术价值，那么对工程领域的创造如技术发明、技术设计则主要看其经济价值。

小贴士 2-4

有人统计了 20 世纪以来的 480 项重大创造发明成果，分析发现：30—40 年代以突破型成果为主而以组合型成果为辅；50—60 年代两者数量大致相当；80 年代以来，组合型创造成果逐渐占据主导地位。

二、常用的创造技法

创造技法是人们在实践中总结出来的，促使创造活动完成的具体方法和实施技巧，是开展创造活动普遍适用的、程序化、规范化的方法与技法。创造技法多达数百种，这里介绍常用的几种。

（一）组合创造法

所谓组合创造法是指在事物的原理、材料、工艺、方法、零部件等不同的方面抽取合适的技术要素，按照一定的技术原理进行重新组合，以获得具有统一整体功能的新材料、新工艺、新技术和新产品的创造方法。组合创造法通过联想思维，对已有的发明创造进行再开发、再利用，既利用了原本成熟的技术，又节省了大量的时间和成本,成果容易被大众接受。在发明创造领域,组合创造法大有用武之地,是最基本也是最重要的一种创造技法。

数码相机比胶卷相机更便携、更智能,能通过蓝牙上传照片到电脑里,还能分享照片到社交网络上;智能手表不仅能看时间,还可以打电话,发信息,与手机、私家车进行蓝牙连接。由此可见,组合创造法不是质的改变,而是通过不断组合推陈出新,具有更大的灵活性。组合创造法大致可归纳为以下四种类型。

1. 同类组合

同类组合是指将两个或两个以上相同或相近的事物简单叠加,以满足人们特殊需要的创造技法。参与同类组合的事物在组合前后性能或属性基本保持不变,只是增加数量或改变部分结构的设计,以弥补功能上的不足或产生新的功能。例如,一位家庭主妇发明了在刀片上刻出若干刻痕的美工刀,当前面一段刀口用钝时,可沿刻痕折断,露出下面锋利如新的刀口,这相当于多把刀的组合。这些短短的刻痕撬动了全球大市场,其创造的效益已无法估量。

同类事物组合之后,原来的基本功能可能发生改变,产生新的功能。组合的角度、形式、方法、目的不同,所产生的功能也就大不相同。例如将几个相同的衣架组合在一起,就可构成一个多层挂衣架(图2-2、图2-3),分别挂多件上衣和裤子,从而达到充分利用衣柜空间的目的。

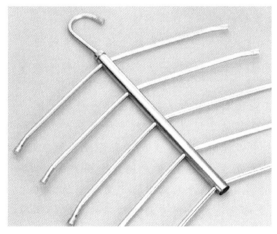
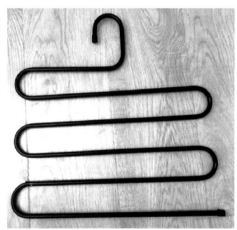

图2-2 多层挂衣架1　　　　　　　　图2-3 多层挂衣架2

2. 异类组合

异类组合是指将类别或性质不同的两个或多个事物组合叠加在一起,形成新产品的创造技法。异类组合的事物来源不同,具有不同的属性,彼此间一般没有明显的主次关系。异类组合不是随意凑合,而是有机整合。参与组合的事物可以从意义、原则、构造、成分、功能等任何一方面或多方面进行互相渗透,从而使组合后的整体发生变化。异类组合实际上是一种异类求同的方法,在创造中具有非常重要的意义。

数控机床就是异类组合创造的产物;集智能导航、行车记录、倒车影像、收音机、音视频播放、蓝牙、GPS卫星定位、电子狗等功能于一体的车载导航也是异类组合创造的例子。

3. 主体附加组合

主体附加组合是指在原有的事物上补充新的内容或增添新的功能附件的创造技法。在主体附加创造中,主体事物的性能基本上保持不变,附加物只是对主体起补充、完善的作用。比如,早期的自行车没有车铃,后来加上了车铃;现在的电动车附加有里程表、前车篮、后视镜、折叠式货架、儿童座椅等;在水龙头上附加电感控制装置,使其自动开关,大大方便了人们的日常生活,节约了宝贵的淡水资源。

4. 重组组合

重组组合是指将同一个事物的不同层次加以分解,再以新的方式将其重新组合起来的创造技法。它通过改变事物内部各组成部分之间的相互位置来改变其相互关系,从而优化事物的性能。重组创造一般是在同一事物上进行的,并不增加新的因子。如同样是碳原子,重新组合后便可形成性质迥异的物质——坚硬的绝缘体金刚石和脆弱的导体石墨;积木、七巧板、九连环、变形金刚也都是经过重组才出现的不同造型的智力玩具。

 案例故事 2-8

智能家居——重组组合,开启未来生活

21世纪是一个充满创新机遇的数字革命时代。在这一背景下,李岩,一位电子工程专业的大学生,立志改变人们的生活方式。他觉察到家居生活还有很大的创新空间,特别是在智能化方面。在课程设计项目中,他提出了一个关于智能家居的创新重组设计方案。李岩对现有的智能设备进行了深入分析,包括智能音箱、智能灯光和智能安防系统等,尝试通过重组这些设备的核心功能,创造出一个集成化的智能家居系统。他从多个领域汲取灵感,将移动应用程序、物联网技术和人工智能相结合,设计了一个智能控制中心。这个中心能够实现家里所有智能设备的联动,可通过语音、移动应用或者自动化场景进行控制。此外,李岩还注重用户体验,在设计中融入"开放式编程"功能,使消费者能够根据个人需求自定义小型的自动化任务,如设定离家模式或归家模式,以便更好地适应使用者的生活习惯。他的这一创新项目在校内外引起了极大的关注,并引起了投资人的兴趣。

（二）设问法

设问法是通过书面或口头的方式提出问题而激发人们的创造欲望,从而捕捉好的设想,产生发明的一种方法。提出问题是发明创造的第一步,有时,提出一个好的问题意味着问题已经解决了一半。设问法的种类较多,这里主要介绍5W2H法和检核表法两种。

1. 5W2H 法

5W2H法又叫"七何"分析法,发明者用五个以"W"开头的英语单词和两个以"H"开头的英语单词进行设问,以便发现解决问题的线索,寻找发明思路,进行设计构思,从而设计出新的发明项目(表 2-1)。这一方法简单、方便,易于理解、使用,富有启发意义,被广泛用于企业管理和技术活动中,对于决策和制定执行性的活动措施非常有帮助,也有助于弥补考虑问题时的疏漏。

表 2-1　5W2H 法

序号	字母	代表单词	含　义	扩　展　含　义
1	W	what	是什么? 要完成什么工作内容?	准备做什么? 需要协助做什么? 需要预防什么? ……
2	W	when	什么时间做? 什么时间完成?	什么时间开始? 什么时间结束? 什么时间是关键节点? ……
3	W	where	在哪做? 从哪里开始做?	在什么地方做? 从什么地方开始做? 到什么地方结束? ……
4	W	why	为什么做? 目的是什么?	为什么要做? 是否可省去? 为什么要这样做? 是否有更简单的方法? 为什么会出现这样的结果? ……
5	W	who	谁做? 谁来负责?	谁来主管? 谁来完成? 谁来监督? 谁来协助? ……
6	H	how	怎么做?	怎么监控过程? 怎么提高效率? 怎么实施计划? ……
7	H	how much/ many	要做多少? 要花费多少?	要做多少? 要花多少费用? 量化的目标是什么? 能节约多少? ……

　　提出问题对于发现问题和解决问题是极其重要的。创造力强的人都善于提问题。提问题的水平越高,越能发挥人的想象力。相反,有些问题提出来,反而会挫伤我们的想象力。如果提出的问题中有"假如……""如果……""是否……"这样的虚构,这就是一种设问,设问需要更高水平的想象力。

　　在发明创造中,对问题不敏感、看不出毛病与平时不善于提问有密切关系。对一个问题追根刨底,有可能发现新的知识和新的疑问。所以从根本上说,学会发明首先要学会提问、善于提问。阻碍提问的因素,一是怕提问多,被别人认为什么也不懂;二是随着年龄和知识的增长,提问欲望会渐渐淡薄。不提问或少提问会阻碍人的创造性的发挥。

●2-4

文本:5W2H
法的应用案例●

5W2H 法的思维方式,实际上就是管理的精确化、数字化,可以被运用到管理的一切方面。在做任何事情的时候,头脑中都有精确化、数字化的概念,才能避免在工作中盲目冲动或感情用事。比如在审查一个方案是否可行时,只要做一个 5W2H 法的比较评价,立刻就会知道它是否值得去做。

在对于 5W2H 法的应用中,还有一个由此诞生的分析方法——5why 法,围绕5W2H 法提问的角度不断地发问,直至找到问题的根源,并解决问题。

"5why"即五个"为什么",是用连续追问的方法找到问题的症结并解决问题的一种分析法。这里的"5"是虚指,有时候需要问 10 个或者更多"为什么"才能找到答案,有时可能只要问两三个"为什么"就能找到想要的答案了。

拓展阅读 2−4

某生产车间主管想找出停机的真正原因,与检修人员展开了一段对话。

问题一:为什么机器停了?

答案一:因为机器超载,保险丝烧断了。

问题二:为什么机器会超载?

答案二:因为轴承的润滑不足。

问题三:为什么轴承会润滑不足?

答案三:因为润滑泵失灵了。

问题四:为什么润滑泵会失灵?

答案四:因为它的轮轴耗损了。

问题五:为什么润滑泵的轮轴会耗损?

答案五:因为杂质跑到里面去了。

经过连续五次问"为什么",主管找到了问题的真正原因和解决的方法——在润滑泵上加装滤网。如果主管没有以这种追根究底的精神来问问题,检修人员很可能只是换根保险丝草草了事,真正的问题并没有解决。

在进行 5why 分析时,必须身处现场,亲自动手,才能真正发现事物背后的问题,找到解决问题的办法。

课堂活动 2−2

案 例 分 析

"小郑,请你将这份市场调查报告复印 5 份,下班前送到总经理室交给黄总经理。请注意复印的质量,黄总经理要带给客户参考。"

请利用 5W2H 法对该案例进行分析,找出案例中"5W2H"的具体含义,体会该方法的重点。

---

2. 检核表法

检核表法又叫奥斯本检核表法、检查目录法,被称为创造技法之母。它根据研究对象的特点列出有关项目,制成检核表,然后对每个项目逐一进行检查,一个一个地核对、讨论,从而找出解决问题的方案。检核表法引导人们根据一条条检核项目求解问题,以求周密。

人们在准备外出长途旅行时,通常都有使用检核表法的经历,即事先制作一份需要携带物品的清单,并在出发之前逐一对照检查,看是否有遗漏。当然,用于产生创造性设想或解决问题的检核表通常具有创造性,并不限于"防止遗漏或考虑不周"这一功用。最早的检核表法是用于改善后勤管理工作的。作为创造技法的检核表法是一种启发创造思路的方法。奥斯本在《创造性想象》一书中介绍了许多新颖别致的创意技巧,有些成了后来各种创造技法的基础。美国麻省理工学院创造工程研究室从这本书中选出75个思考角度,分为九方面,编制出新创意检核用表(表 2-2),作为帮助人们进行创造性工作的工具。

表 2-2　新创意检核用表

序号	类别	问　　　题
1	用途	现有发明、材料、方法等有无新的用途?有无新的使用方式?能否改变现有用途?
2	类比	能否从别处得到启发?能否借用别处的经验或发明?外界有无相似的想法,能否借鉴?有无类似的东西?过去有无类似的问题?利用类比能否产生新观念?能否模仿?能否超越?
3	增加	现有的东西能否扩大使用范围?能否增加一些东西?能否附加一些东西?能否增加使用时间?能否增加频率、尺寸、强度?能否提高性能?能否增加新成分?
4	减少	现在的东西能否缩小体积、减轻重量、降低高度?能否省略?能否减少些什么?能否密集、压缩、浓缩、聚束?能否微型化?能否缩短、变窄、去掉、分割、减轻?能否变成流线型?能否进一步细分?
5	改变	现有的东西是否可以做某些改变?改变一下会怎么样?能否改变功能、颜色、形状、气味、外观?是否还有其他改变的可能性?
6	代替	能否代用?能否由别的东西代替?用什么代替?还有什么别的排列、别的成分、别的材料、别的过程、别的能源、别的颜色?
7	交换	能否变换?有无可互换的成分?能否变换模式?能否变换布置顺序?能否变换操作工序?能否变换因果关系?能否变换速度或频率?能否变换工作规范?
8	颠倒	能否颠倒正负?能否颠倒正反?能否头尾颠倒?能否上下颠倒?能否颠倒位置?能否颠倒作用?
9	组合	能否重新组合?能否尝试混合、合成、配合、协调、配套?能否把物体组合、把目的组合、把特性组合、把观念组合?

检核表法是一种启发创造性思维的方法,它强制人去思考,有利于突破不愿提问题或不善于提问题人的心理障碍。利用检核表法,可以产生大量的原始思路和原始创意,

对人们的发散思维有很大的启发作用。检核表法为人们提供了创造活动最基本的思路,可以使创造者尽快集中精力,朝着提示的目标方向去构想、去创造。

拓展阅读 2-5

　　科学技术的重大进步不仅表现在某些科学技术难题的突破上,而且表现在科学技术成果的推广应用上。新产品、新工艺、新材料必将随着越来越多地应用而显示出生命力。

　　当伦琴发现 X 射线时,并没有预见到这种射线的用途。后来,人们通过联想,发现 X 射线不仅能用来治疗疾病,还能用来观察人体的内部情况。同样,电灯在开始时只用来照明,后来,发明家们改进了光线的波长,发明了紫外线灯、红外线加热灯、灭菌灯等,使电灯的用途更加广泛。

(三) 列举创造法

　　列举创造法是遵循一定的规则,罗列研究对象有关方面的各种性质,进而诱发创造性设想的一种创造技法。该技法通过突破思维定式,运用发散思维,按某种规律列举出创造对象的要素并加以分析研究,以探求创造的落脚点和方案。列举创造法常用于简单设想的形成和发明目标的确定,运用分解和分析的方法,将研究对象的特点、缺点、希望点罗列出来,提出改进措施,形成有独创性的设想。作为一种基本的创造技法,其应用非常广泛。

　　按照列举对象的不同,列举创造法可以分为缺点列举法、属性列举法、希望点列举法等多种类别。

●2-5

文本:列举创造法的原理与特点 ●

1. **缺点列举法**

　　任何事物都是有缺点的,世上本没有十全十美的事物,只要注意观察分析,我们总能找出事物的缺点。因此,世上没有一件事物是不能改变的。缺点列举法就是直接从社会需要的功能、审美价值、经济性等角度出发,研究对象的缺点,提出改进方案,从而进行发明创造的创新技法。此方法主要是围绕原事物的缺点加以改进,一般不改变原事物的本质与总体性能,因而简便易行,既可用于老产品的改造,又可用于对新设想、新产品的完善。缺点列举法作为一种创造技法,其主要作用在于促使人们将创造对象的缺点找到并列举出来,并尽可能设想所要达到的发明创造目标,以开展创造活动。

　　通常,人们因为惯性思维或惰性思维,对看惯了或用惯了的东西,很少去寻找它们的缺点,经常会"凑合"和"将就"以维持现状,甚至用"理所当然"和"本该如此"的态度加以对待。安于现状、无所用心,往往会失去创造的欲望和发明的机会。缺点列举法反其道而行之,它鼓励人们积极寻找并抓住事物不方便、不合理、不美观、不实用、不省料、不便宜、不安全、不省力、不耐用等缺点,把它们一一列举出来,然后有的放矢,针对缺点开展发明创造,寻找解决问题的最佳方案。

科学史上利用缺点列举法来激发发明创造的例子数不胜数。比如,针对手表功能单一、适应面窄的缺点,人们发明了日历表、天文表、自动表、登山表、潜水表、宇航表,使手表实现了功能多元化。又拿雨伞来说,20 世纪 50 年代,纸伞是唯一的雨具品种,用油纸制成,伞骨和伞柄都是用竹子做的,既不耐用又不美观;20 世纪 60 年代出现了布伞,其伞骨和伞柄是用金属做的,布料全是黑色,颜色和形状一模一样,不仅容易拿错,伞尖还容易伤人;再后来,五彩缤纷的、印有各种图案的花布伞上市,不仅满足了美观的需求,而且开合自动,缺点是太长,携带不便;20 世纪 80 年代以后,雨伞携带不便的缺点得以改进,出现了折叠雨伞,材料也更轻便。

 案例故事 2-9

防 溢 奶 锅

很多人都有这样的经验:煮牛奶时,牛奶常因照料不及时而沸腾溢出,既造成浪费又污染灶具,令人烦恼。针对这种情况,天津铝制品三厂的一位技术员运用科学方法,发明出一种防溢奶锅。这位技术员对加热牛奶的过程进行了仔细观察,发现牛奶在刚开始变热时,只是轻微地波动,接着液面开始出现一些气泡。随着加热不断进行,气泡越聚越多,液面也越升越高,最后一涌而出,溢到锅外。通过细致观察和深入思考,这位技术员自然而然地想到,如果能减少气泡的产生,那么牛奶就可和开水一样,只会沸腾翻滚而不会溢出锅外。于是问题被归结到了如何减少气泡的产生。

他从技术资料中得到启发,决定采用一种防溢隔板。这种隔板被放置在奶锅中间,把锅中牛奶一分为二,隔板上开有一个扇形孔。加热时,奶锅下部温度高,上部温度低,在温差的推动下,锅中的牛奶产生流动并形成循环。当沸奶带着气泡从隔板下部经过扇形孔流到隔板上部时,隔板的扇形孔就毫不客气地将大量的气泡挤破,使其中的气体释放出来,这样流到上部的牛奶中的气泡就减少了,液面也就不会继续升高,从而达到防溢的效果。防溢奶锅一经问世,就受到消费者的青睐,成为抢手货。

2. 属性列举法

所谓属性,是指事物的固有特性。一般来说,一个事物往往具有多种属性,它们可以被分开,单独加以改进。属性列举法也叫特性列举法,是 1931 年由创造学家克劳福德研究并总结出来的,是将创造对象的属性一一列出,加以分析,然后逐项探讨能否改进及怎样改进的一种创造技法。

运用属性列举法开展创造活动,一般有三个步骤:① 选择一个目标明确的创造对象或发明课题,分析并列举出它的属性;② 从这些属性出发,通过提问或智力激励的方法,诱发一系列的创造性设想;③ 分析这些属性并展开创造构思,进而使问题得到解决。

在列举事物的属性时,应注意到事物的属性一般都包含三部分内容。第一,名词属性部分,即可用名词来表达的部分,如整体、部分、材料、制造方法。第二,形容词属性部分,即可用形容词来表达的部分,如大小、形状、颜色、性质。第三,动词属性部分,即可采用动词来表达的部分,如功能、机理。在此基础上,对每类属性中的具体情况一一列举、逐项分析。属性列举法将事物的细节全面展开,帮助人们克服感知不敏锐、认识不全面的思维障碍,容易发现问题,并帮助人们从具体环节入手探索解决方案。

属性列举法特别强调在创造过程中观察和分析事物的属性,然后针对每一种属性提出可能改进的办法,改变其某些属性,如形状、颜色、大小、材料,使事物产生新的功能、用途。

属性列举法属于对现有事物进行革新的技法。因此,在确定创造对象以后,要分析事物各方面的情况,熟悉事物的基本结构、工作原理、应用场合及应用条件等,并从事物的名词属性、形容词属性、动词属性三方面进行特性列举。当列举到一定程度时,要将重复的内容合并,对互相矛盾的内容进行协调。

课堂活动 2-3

新型家用台灯的设计

利用属性列举法,设计一种新型的家用台灯。

首先,确定创造对象为家用台灯。

其次,了解家用台灯的基本结构、工作原理,运用分析、分解、分类等方法,逐一列出其属性,填入表 2-3。

表 2-3 家用台灯的属性列举

创造对象	属性类型	具 体 内 容
家用台灯	名词属性	
	形容词属性	
	动词属性	

再次,对列出的家用台灯的属性进行分析,提出改进意见。

(1) _____。

(2) _____。

(3) _____。

(4) _____。

2

最后,根据以上分析,提出新型家用台灯的几种设计思路。

(1) _____。

(2) _____。

(3) _____。

(4) _____。

3. 希望点列举法

许多东西都是根据人们的希望和需求创造出来的。希望体现了人们对美好愿望的追求。人们希望像鸟一样飞上天,于是发明了热气球、飞机;人们希望冬暖夏凉,于是发明了空调;人们希望黑夜如白昼,于是发明了电灯;人们希望打电话时能看到对方的形象,于是发明了可视电话;人们希望擦高楼玻璃窗时不会发生危险,于是发明了磁性双面擦窗器;人们希望夜间上下楼梯时,灯能自动亮、自动灭,于是发明了声控开关。所谓希望点列举法,是指通过列举希望新的事物具有的属性,寻找新的发明目标的创造技法。

如前所述,缺点列举法可以直接从人们需要的功能、审美价值、经济性、实用性等角度出发研究对象的缺点,提出切实有效的改进方案,因而简便易行,常常可以取得很好的效果。然而,缺点列举法大多是围绕事物原来的缺陷加以改进,通常不触及事物原来的本质和总体性能,因而属于被动性创造方法,一般只适用于对老产品的改造或不成熟的新设想、新发明的试验,从而使其趋于完善。与缺点列举法不同,希望点列举法是从人们的意愿出发提出各种希望、设想,所以很少受已有事物的束缚,人们使用这一方法会有广阔的创造空间。

希望点列举法的实施步骤包括:

(1) 收集人们的希望;

(2) 研究人们的希望,以形成希望点;

(3) 以希望点为依据,创造新产品以满足人们的希望。

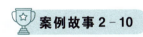 **案例故事 2-10**

希望点列举法的应用

有一家制笔公司用希望点列举法列举出了一批对钢笔进行改革的希望点:希望钢笔出水顺利,希望绝对不漏水,希望一支笔可以写出两种以上颜色的字,希望不沾污纸面,希望写字能粗能细,希望小型化,希望笔尖不开裂,希望不用灌墨水,希望

 小贴士 2-5

希望点列举法的技巧如下。

(1) 重视对人们需求的分析。我们应该知道人们有哪些需求。

(2) 注意特殊群体(如盲人、聋哑人、孤寡老人、病人、左撇子)的需求。

(3) 注重现实的需求。摆在眼前的需求是人们急于实现的需求。

(4) 发现潜在需求。有关资料显示,在社会对产品的需求中,潜在需求占 $60\% \sim 70\%$。因此,要善于发现潜在需求。

省去笔套,希望落地时不会损坏笔尖……这家制笔公司从中选出"希望省去笔套"这个点,研制出一种可以像圆珠笔一样伸缩的钢笔,其被推向市场后大受欢迎。

有一家洗衣机厂通过座谈会的形式发动顾客提希望、要求。有位主妇说,如要单洗背心、手帕类"小东西",现有的洗衣机似乎有些"大材小用"、浪费水电。希望有一种微型的洗衣机,专洗这类"小东西",最好能快洗快干,上午洗,下午就能穿,且体积要小,随处可放,不显眼。于是设计人员根据她的愿望,开发了专洗内衣、手帕等小物件,烘干又快的微型洗烘机,受到了顾客的青睐,创造了商机。

2

思考与练习

（一）回顾总结

1. 通过本专题的学习，我懂得了： _____

_____

_____ 。

2. 通过本专题的学习，我掌握了： _____

_____

_____ 。

（二）案例分析

有一户人家因地广田多，建了一个很大的粮仓用以存粮。粮仓里生活着一群老鼠，整日以偷粮食为生，过着滋润的生活。

由于粮食大量丢失，仓库里的猫又捉不住老鼠，户主特意从外村请来了一只外号"无敌手"的猫看守仓库。"无敌手"集软、硬功夫于一身，总是无声无息地出现在老鼠身后，"一招致命"，打得老鼠溃不成军。最后，老鼠由原来的一大股被分割成几小帮。残存下来的老鼠躲在洞里不敢出来，快要饿死了。

有一天，趁"无敌手"外出时，残存的老鼠聚到了一起，召开了一个紧急会议。由一只足智多谋的老鼠担任会议主席。老鼠们有的建议搬家，有的建议拼命，还有的建议求和。经过一番热烈的讨论，有一只老鼠提议在猫的脖子上系上一只铃铛。这样，当猫来攻时，铃声响起，大伙儿就可以跑到地下躲藏起来。在会议主席的倡导下，大家很快统一了思想，都觉得再也没有比这更好的建议了。但很快就产生了一个新的问题：如何把铃铛系上去？这个棘手的问题让老鼠们一筹莫展。

请你设计一个比较安全、可行的方案，让老鼠给猫挂上铃铛。

（三）课后实践

从以下物品中选择两个或两个以上进行构思，组合发明一种新产品，并说明主要用途。

计算机	闹钟	手表	手机	计数器
手电筒	茶杯	照相机	跳绳	开关
温度计	球鞋	沙发	轮子	耳机
鼠标	录音机	显示器	熨斗	插座
放大镜	收音机	日历	笔架	安全帽

专题三
大学生自主创业

同学们,你们应该早已对"创业"二字耳熟能详了,平时也关注、了解了一些创业案例、创业故事,甚至也会崇拜某些创业者。那么,你是否正确理解了"创业"的内涵?你能否说出创业者大多具有什么样的特征?如果要投入创业实践,你觉得你适合什么样的创业环境?你又是如何看待你自己的创业潜力的?

通过本专题的学习,同学们可以更好地理解创业的内涵,了解我国大学生创新创业政策,以及当前的自主创业环境,能够对自主创业做出更合理的内外部因素分析,并做好创业心理准备。

 学习目标

1. 理解创业和创业者的内涵,熟悉大学生创新创业政策,增强对创新创业的认知。

2. 能积极搜集创业案例、创业政策等信息,合理分析大学生自主创业的内外部因素。

3. 增强自主创业意识,做好创业心理准备。

单元一 认识创业与创业者

 问题导学

1. 你如何看待创业这一行为？
2. 创业者一般具有什么特征？
3. 创业者应具备什么条件？

案例导入

"敲糖帮"传人的别样青春

"鸡毛换糖"是兴起于浙江义乌的一种以物易物的原始交易形式。"小时候爸爸就让我推着小车,沿街叫卖。"2001年出生的陈万佳说,自己从小闻着红糖的味道长大,他的爷爷曾走街串巷靠"鸡毛换糖"谋生,挑着货郎担、拿着拨浪鼓的"敲糖帮"也成为义乌人的代名词。在陈万佳的父亲看来,当地的古法红糖制作工艺作为地方传统民俗和国家级非物质文化遗产,绝不能断代。

2019年,18岁的陈万佳毅然放弃自己当一名跆拳道教练的梦想,考上了当地高职院校的电子商务专业。2020年,陈万佳开始了电商创业的实践,三年内开出"三皇冠"淘宝店铺、天猫店等多家电商店铺,旺季月销额在20万元左右。2021年,在创业导师的指导下,他的"敲糖帮——义乌红糖复兴之路"创业项目获得浙江省第十五届大学生电子商务竞赛一等奖。陈万佳成为当地"红糖世家"的第四代传人,是多家店铺与电商店铺的店主,也是老师、同学眼中的"创业明星"。

"在义乌,家家户户都做红糖,都在拼低价,没有品牌化。而我一直致力于建立品牌。"陈万佳带领着"敲糖帮"申请商标、打造品牌和标准、摆脱低质低价竞争,把从学校里学到的知识活学活用。他还和老师傅们一起参与制定了《义乌红糖加工技术规程》,输出古法制糖的"义乌标准";开发出糖浆过滤沉淀系统,提升红糖品质;通过工艺改良,将红糖颗粒化,大大延长了红糖保质期,提升了红糖的营养价值。

他还调动线下门店资源,在地方政府的指导下参与了红糖文化节、非遗文化旅游、制糖技艺培训等活动的举办。红糖产业在数字经济的发展下走出义乌,消费者遍布全国,带动了400多名蔗农和制糖师傅就业,帮助蔗农实现了增收。

"我的创业梦想是让越来越多的人认识和了解义乌红糖,从这一口清甜出发认识新义乌。"陈万佳笑称,连自己血管里流淌的红色液体都是义乌红糖的味道。

创业不易,创业之路也不是一帆风顺的。要想创业成功,必将经历一个漫长、艰苦的过程,不仅要具备毅力、智慧和技能,而且要具备胆识、谋略和艰苦奋斗、积极打拼的精神。

一、创业概述

(一) 创业的概念

古今中外的许多学者都曾给"创业"下过定义,学术界众说纷纭,目前尚未形成统一定义。

"创业"是个多义词。顾名思义,"创"即创造,"业"即职业、事业。所谓"创业"实际上就是创造一份事业。这是创业最广义的概念。从这个意义上讲,只要通过自己的努力,独立自主地开创一份事业,不论是个人家业、商业企业,还是其他社会事业,都可称为创业。狭义上的创业仅指发现和捕捉市场机会并由此创造出新颖的产品或服务,即创办一家新企业。企业是指以营利为目的,运用各种生产要素(土地、劳动力、资本和技术等),向市场提供产品或服务,实行自主经营、自负盈亏、独立核算的社会经济组织。企业是现代社会最普遍的经济活动载体,开办企业是创业者最普遍的创业途径。本书所讲的创业指狭义的创业。

(二) 创业的特征

一般来说,创业具有以下特征。

1. 自主性

自主性指的是创业者凭借自己的力量完成创业。创业者利用资本、知识和技能等,自主开发、生产产品或提供服务,这是一种完全独立自主的行为。

2. 风险性

创业是一项十分复杂的活动,具有许多不确定的因素,创业过程中会出现许多未曾预见到的问题、面临许多挑战、充满各种风险。如果创业者判断错误、反应不及时、处理问题不当,随时都有可能出现危机,甚至导致创业失败。

3. 功利性

创业是一个创造财富、积累财富的过程。尽管创业者有不同的创业动机,但不可否认的是,追求财富是创业最原始、最直接的动力。如果没有利益的驱动,人们就不会甘冒风险去创业,无论创业者采取什么手段和方式,其目的都是获取利润,这是创业的共性。

4. 创新性

创业总是和创新联系在一起的。创业者所创造的事业对个人来说是先前不存在的,通过创业者的努力才第一次出现,这就是其创新性。当然,这样的创新性也有强弱之分。

5. 复杂性

从创业者的角度看,创业要比就业复杂得多。创业者要充分开发和利用身边的各种资源,协调内部及外部的各种关系,处理企业创办和经营过程中出现的各种问题,研究、分析各种环境因素,根据市场变化随时做出合理的决策,包括应对各种突发事件和风险、挑战。所以,创业相比就业而言是一个更加复杂的过程。

(三)创新创业

创新创业通常是指就技术、服务、产品、品牌、商业模式、管理体制机制、组织结构、市场运作等中的某一个或某几个方面的创新而开展的创业活动。创新是创新创业的特质,创业是创新创业的目标。

创新创业与传统创业的根本区别在于创业活动中是否有创新因素。这里所谓的创新主要包括技术创新、管理创新、知识创新、流程创新、营销创新等方面。一般来说,只要能够带来新价值的活动就是创新。在某一个或某几个方面进行创新的创业活动就是创新创业,而没有在任何方面进行创新的创业活动就是传统创业。

创新创业主要具有两大特点。① 高风险。创新创业建立在创新的基础上,但是由于创新活动受到人们现有的认知水平、行为习惯等多方面的影响,创新创业会面临比传统创业更高的风险。彼得·德鲁克曾说过:"真正重大的创

新,每成功一个,就有 99 个失败,有 99 个闻所未闻。"② 高回报。创新创业通过对已有技术、产品和服务的优化组合,对现有资源进行优化配置,给客户创造更多的价值,企业也可获取更大的竞争优势,获取更大的回报。

(四)自主创业

自主创业通常是指创业者依靠自己的资本、信息、技术、经验及其他资源创办实业,解决就业问题的活动。也就是说,具备就业条件的人放弃就业机会,依靠自己的力量开展创业活动,为社会经济发展贡献智力、财力和能力的活动就是自主创业。

自主创业的好处在于自主性强,具有极强的挑战性,能够充分发挥一个人的潜能,让其调动自己的全部资源,开创属于自己的事业。自主创业也具有很强的不确定性,风险高,收入不稳定。创业者需要不断投入资金和精力,工作时间较长,压力较大,容易身心疲惫,还要承担创业失败的风险。

小贴士 3 - 1

创新是创业的基础和前提,同时,创业又是创新成果的载体和呈现方式。在创业过程中,创业者要不断优化资源配置、总结提炼经验,以实现创新的发展进步。创新带动创业,创业促进创新。

3

二、创业者

(一) 创业者概述

创业者通常指的是组织、管理生意或企业,并承担其风险的人。它有两个基本含义,一是企业家,是在现有企业中负责经营和决策的领导人;二是创始人,是即将创办新企业或者已经创办了新企业的人。

国内外学者将创业者的定义分为狭义和广义两种。狭义的创业者是指参与创业活动的核心人员,广义的创业者则可泛指参与创业活动的全部人员。在实际创业过程中,狭义的创业者比广义的创业者承担更多的风险,也会获得更多的收益。

大学生创业者自主创业,在追求个人财富和实现自身价值的同时,还可以创造社会财富,同时吸纳劳动力、促进就业,切实为经济建设和社会发展做出积极贡献。

通常,创业者应同时具备以下特性:① 主导某种劳动方式;② 具有创业的使命感、荣誉感,勇于承担相应责任;③ 经营管理某一企业,通过提供产品、服务、技术创造价值;④ 具有思考、推理、判断能力;⑤ 使人追随自己并在追随自己的过程中获得利益;⑥ 具备完全民事权利能力和行为能力。

> **小贴士 3-2**
>
> 创业者与职业经理人的区别如下:创业者是开办或经营自己企业的人,创业者既是员工,又是雇主,对所经营的企业负责;职业经理人则通常是管理者,本身不是所管理企业的所有者,而是被雇来管理企业日常运作的人。

(二) 创业者的类型

依据不同的标准,创业者可以有不同的分类。

1. 按创业动机分类

(1) 生存型创业者。这类创业者因为没有其他更好的选择,为了生存而无奈进行创业,往往是被动的。这类创业者大多为下岗工人、失去土地或因为种种原因不愿留守乡村的农民及找不到工作的大学毕业生,他们的创业以谋生和获得必要的生存资料为目标。

生存型创业者通常在现有的市场中捕捉机会,表现出创业的现实性,通常进入的都是一些技术壁垒较低、不需要较高技能水平的行业。受生活所迫,物质资源贫乏,生存型创业者只能从事低门槛、低风险、低成本、低利润的创业活动。受创业初始的定位所限,这类创业者一般都是小打小闹,难以做大做强,当然也有使创业企业成长为大中型企业的,但数量不多。在这一群体中,摊贩创业是其创业的主要形式。他们通常会在风景区、夜市、车站等人群聚集的地方营业,以经营餐饮、服饰、日用百货为主,商品包罗万象。这类创业者耳聪目明,创业活动往往和流行趋势紧密结合。

(2) 机会型创业者。机会型创业者为了追求某个商业机会而从事创业活动,他们的创业行为是一种自主创业的行为,属于主动型创业。机会型创业者以原公职人员、职业经理人、高校教师、科研机构人员、专利技术发明者居多。机会型创业者不仅能解决自己的就业问题,而且能解决更多人的就业问题,提供的产品或服务有较高的科技含量,创建的新企业往往属于成长性良好的企业,发展潜力大。

2. 按创业内容分类

(1) 技术型创业者。这类创业者多与高校和科研机构有关联,具有深厚的技术背景,掌握某项技术,并期望以此技术占领市场。为了鼓励将科技成果转化为生产力,国家推出了一系列鼓励高校和科研机构创办企业的措施。当今许多知名科技企业的前身就是校办企业或科研机构创办的"所办企业",如北大方正、清华同方及联想集团。

(2) 管理型创业者。这类创业者综合管理能力较强,不仅精通专业知识,而且对团队、企业、市场、财务等十分熟悉,能够通过各种有效的企业管理手段推动企业前行。

(3) 生产型创业者。这类创业者通过创办企业推出产品或服务,以生产为主,且产品或服务具有一定的科技含量。

(4) 销售型创业者。这类创业者具有丰富的销售经验,掌握熟练的销售技巧,十分注重市场,善于把握市场变化机会。这类创业者所提供的产品或服务虽然不是自己研发的,但是客户的来源是创业者自己找到的。他们需要十分注重服务质量,才能让客户对其产生信赖感。

● 3-1

文本: 青春创业:贵州村超"踢"出就业增收新天地

(5) 金融型创业者。金融型创业者实际上是风险投资人,他们向企业提供的不仅有资金,还有专业特长和管理经验。他们不仅参与企业经营方针和规划的制定,还参与企业的营销战略制定、资本运营及人力资源管理等。

(三) 创业者的必备条件

1. 拥有足够的创业资源

创业所需资源包括业务资源、客户资源、技术资源、经营管理资源、财务资源、行业经验资源、人才资源等。创业者如具备足够的财务资源,其他资源的欠缺通常可以得到弥补;如果拥有足够的客户资源,其他资源的欠缺也比较容易弥补。但如果这两类创业资源不足,创业成功的可能性很小。

● 3-2

文本: 成功创业者的五大特征

2. 具有丰富全面的能力

通常,创业者应具有如下能力:① 分析决策能力;② 风险预见能力;③ 创新能力;④ 应变能力;⑤ 管理能力;⑥ 组织协调能力;⑦ 社会交往能力;⑧ 激励能力。

3

当然,这并不意味着创业者必须完全具备这些能力才能去创业,也不是说具备这些能力的人就能创业成功。但创业者在创业实践中不断提高自己这几方面的能力,或者找到具备这些能力的人,共同组建创业团队,是创业成功必不可少的因素。

3. 具有良好的知识结构

创业者的知识结构对创业能否成功有着举足轻重的影响。创业者要做出正确决策,必须具备创造性思维,具备相关领域的广博知识,具有一专多能的知识结构。具体来说,创业者除了具备所从事行业、领域的专业知识和技能,依靠创新增强竞争能力外,还应学习科学的经营管理知识,具备市场经济(如市场营销)方面的知识,熟悉相关行业的政策、法规,能依法办事,能运用法律武器维护自己的合法权益。

●3-3

视频:让我的世界和别人的不一样

4. 具有良好的身体素质

创业者要保持身体健康、体力充沛、精力旺盛、思维敏捷。创业与经营企业是十分艰辛而复杂的,创业者往往工作繁忙、心理压力大,有时还要熬夜加班,如果身体素质不好,必然力不从心,难以承担重任。

5. 具有良好的心理素质

心理素质包括自我意识、性格、气质、情感等要素。创业者应该具备刚强、开朗、坚定、果断、理性、情感丰富的心理特质,自信、自主、敢为的自我意识特征,具备独立分析和决策的能力,有敢于为自己选定的事业承受风险的心理素质。

> **拓展阅读 3-1**
>
> 成功创业者应具备的特征主要有以下几个。
>
> (1) 智商高,情商也高。智商和情商同样重要。要将企业经营好,创业者需要处理很多难题,可以说是纷繁复杂,一个接一个,而且需要和不同的人打交道,如果没有良好的智商和情商,就很难处理好这些难题。
>
> (2) 能反省、调整、快速纠错。常人一般不会轻易否定自己,成功的创业者要和常人不同,能够经常反省,有时甚至需要自我否定,转换思维,调整策略,快速纠错。
>
> (3) 有较强的学习能力和执行能力。当今社会处在急剧的变革之中,创业路上也会遇到各种各样的新问题,很多是在创业初期根本没想到过的,这就需要创业者具备较强的学习能力和执行能力,同时要学以致用,把学到的东西落到实处,否则只是纸上谈兵,可能错过好时机。

（4）有独特的人格魅力。在很多人看来,成功的创业者本身就具有较强的人格魅力,这会帮助他们吸引并留住优秀人才。这些人才能力强,甚至比创业者还优秀。被创业者的人格魅力吸引,他们愿意围聚在创业者身边一起谋发展。

（5）懂得分享。只有懂得分享的创业者才能最终留住人才,让他们跟着自己,不离不弃,这也是创业者人格魅力的一种表现。分享在某些层面上是违背人性的,但对创业者而言是必需的。

（6）性格不偏激。创业者的性格不能偏激,因为创业者作为企业的领导者,要善于协调很多复杂的关系,具备懂平衡、看长远、识大体、能忍让等性格特质。

（7）有韧性。成功的创业者应该有一种舍我其谁、不达目标不罢休的韧性。做事坚定、内心强大也是一种霸气的体现。

3

从平时了解的成功创业者身上,我们能感受到他们在创业活动中表现出的特质,向他们学习最好的方式就是结合他们的创业活动深入分析他们的特质。

课堂活动 3－1

互动分享：我所了解的成功创业者具备的特质

（1）根据全班同学总人数确定分组数,每组以 4～6 人为宜。小组可以自由组合,也可以由教师指定组合。每组推选组长一名。

（2）同一小组的同学围坐在一起。各小组自行通过网络等渠道搜集创业成功者的案例,以小组为单位做好汇报准备。

（3）各小组分别派一名代表向全班同学陈述案例,并分享案例中创业者具备的特质。

（4）其他小组成员就案例所涉及的创业者的特质进行提问,由陈述小组的成员有针对性地进行解答。

大学生自主创业的社会环境

 问题导学

1. 当前大学生自主创业的政策环境如何？
2. 大学生自主创业具有什么优势和劣势？
3. 大学生该如何合理看待自主创业的成功与失败？

案例导入

有两次创业经历的大学毕业生

小刘毕业于某高职院校的市场营销专业。当还是一名大二学生的时候，他就走上了创业之路。

当时，校内有一条"创业街"，长 100 多米，开了些小吃店和杂货店。读大二时，小刘和两个好朋友一起在那条街上开了一家水果沙拉店。当时小刘只是想简单地通过这种传统模式，体验一下自己经营店面是怎样的感觉。他对这次创业的态度是不求盈利，只求保底，所以就定了六个月的创业体验时限。不想，他的水果沙拉店经营亏损，开了三个月就草草关门了。

初次创业，小刘遇到了很多问题：如何确保资金正常运转？创业与学习发生冲突时怎么办？该如何让收益最大化？这次的创业经历也让小刘有了感悟：作为一名大学生，去做传统的创业项目、简单的买卖交易意义不大。他认为，大学生创业可以不必那么功利，因为无论成败，创业都能锻炼人，都会让人成长。

毕业前，小刘又按捺不住，和同学一起做起了"零食速购"的生意，以 O2O 模式向同学们售卖零食，送货上门。这一项目刚一推出就受到了同学们的欢迎。

小刘通过联系零食供应商压低进货成本，使得自己的零食相比学校超市的零食更具价格优势。同时，他在校园中为每栋寝室楼招收楼栋长，以楼栋长宿舍作为存放、销售、配送零食的站点。为了吸引客户，他还时不时推出一些优惠活动。

可是，大学生群体对商品价格极其敏感，而且忠诚度不高。校园市场毕竟有限，发展空间也不大。随着类似的校园电商增多，竞争越来越激烈，小刘的"零食速购"并不具备绝对优势，市场份额受到了严重挤压。经过反思，小刘认为如果要继续下去，需要进行适当的转型，也要考虑采用更多元的营销模式。

大学生自主创业有利于缓解就业压力,帮助大学生实现梦想,培养艰苦创业的奋斗精神。目前的国家政策环境为大学生自主创业提供了诸多有利条件,但大学生的创业资源相对不足,缺乏经营管理经验,在很大程度上增加了创业失败的风险。对于准备创业的同学来说,在提高自身素质的同时,还需要做好创业的心理准备,要理性抉择,毕竟"创业有风险,投资需谨慎"。

一、"大众创业、万众创新"

2015 年 6 月,国务院第 93 次常务会议审议通过了《关于大力推进大众创业万众创新若干政策措施的意见》(国发〔2015〕32 号)(以下简称《意见》)。这是推进"大众创业、万众创新"的一个系统性、普惠性政策文件,是迎接"创时代"、推进"双创"工作的顶层设计。《意见》在创新体制机制、优化财税政策、搞活金融市场、扩大创业投资、发展创业服务、建设创业创新平台、激发创造活力、拓展城乡创业渠道、加强统筹协调九个领域提出了 30 个方面的 96 个具体政策措施。2015 年 12 月,中央经济工作会议进一步明确提出,坚持深入实施创新驱动发展战略,推进"大众创业、万众创新",依靠改革创新加快新动能成长和传统动能改造提升。

之后,各地方政府积极响应"大众创业、万众创新"的号召,相继推出了一系列重要举措。通过营造开放资源、完善服务模式的方式,逐步形成了"大众创业、万众创新"的新局面。

随着"大众创业、万众创新"不断推进,创业门槛不断降低,经济和社会环境得到优化,传统观念正在逐步转变;大学生创业的扶持政策不断完善,空间更加广阔;全国各高校广泛开展创新创业教育,大学生创新创业园、创客空间、创业学院等支持大学生创新创业的平台相继成立,从多方面支持大学生创业的政策陆续出台。这一切都为富有知识与智慧、具有创新创业意识和能力的大学生创业提供了前所未有的机遇。大学生创业得到了舆论、政策的支持和制度的保障。

2024 年,全国高校毕业生达到 1 179 万人,再加上受经济下行压力待恢复等多种因素叠加的影响,就业形势在整体稳定之余,仍存在一定压力。党中央、国务院高度重视高校毕业生就业创业工作,及时做出一系列重要决策部署,从多方面采取积极措施,加大力度助力高校毕业生顺利就业创业。2023 年 4 月,国务院办公厅印发《关于优化调整稳就业政策措施全力促发展惠民生的通知》(国发办〔2023〕11 号),引导鼓励更多2023 届高校毕业生赴基层就业。2023 年 12 月,教育部印发《关于做好 2024 届全国普通高校毕业生就业创业工作的通知》(教就业〔2023〕4 号),决定实施"2024 届全国普通高校毕业生就业创业促进行动",进一步完善高校毕业生就业创业服务体系,全力促进高校毕业生高质量充分就业。2024 年 5 月,人力资源和社会保障部、教育部、财政部发布了《关于做好高校毕业生等青年就业创业工作的通知》。麦可思研究院的相关调查报告显示,返乡就业逐渐成为部分高校毕业生的就业新选择。近年来,多地政府已出台了扶持政策,从税收、贷款和就业岗位等方面推出优惠措施,吸引在外求学的人才返乡就业创业。例如,河南省于 2022 年 9 月印发《关于推动豫商豫才返乡创业的通知》,明确提到,毕业五年内大学生返乡创办企业且正常经营一年以上,当年新招用登记失业半年以上人员、脱贫人口、农村低收入人口、毕业年度或离校一年内未就业高校毕业生,与之签订一年以上劳动合同并为其缴纳社会保险费的,按照新招用员工数给予每人1 000元的一次性吸纳就业补贴。2023年1月,福建省出台《福建省进一步支持大学生创新创业若干措施》,从十个方面推出44项措施,为大学生创新创业营造良好环境、创造有利条件,增强创新创业活力,进一步支持大学生创新创业。2023年2月,为吸引优秀人才回乡干事创业、促进世界级生态岛建设,上海市崇明区明确规定崇明籍高校毕业生回乡就业可获补贴:回乡工作满5年、毕业于"双一流"院校的全日制本科生可获6万元补贴;毕业于"双一流"院校的全日制硕士研究生、博士研究生的补贴金额分别为10万元和15万元。2023年5月,安徽省发布《实施稳就业提质扩量服务"家门口"就业三年行动方案》,开展"接您回家"活动,通过"接高校毕业生回家"增加高层次人才供给,每年引导回皖就业创业人数在10万人左右,逐步推进"人回乡、技回流、厂回迁、情回归"。广东省清远市积极实施"雁归计划",吸引清远本地籍高校毕业生回到家乡就业创业。

可见,国家在积极解决大学生就业创业问题,也在积极鼓励大学生融入"大众创业、万众创新"的浪潮。把握创新创业机遇、迎接创新创业挑战是大学生的历史责任。大学生创新创业推动着时代发展,政策和社会环境也支持大学生创业。大学生创新创业的热潮正在为我国新时代的发展注入勃勃生机。

二、大学生创新创业扶持政策

近年来,为了鼓励和支持大学生创新创业,国家和地方先后出台了一系列优惠政策。2021年,国务院办公厅印发了《关于进一步支持大学生创新创业的指导意见》(国办发〔2021〕35号),明确"坚持创新引领创业、创业带动就业,支持在校大学生提升创新创业能力,支持高校毕业生创业就业,提升人力资源素质,促进大学生全面发展,实现大学生更加充分更高质量就业"。文件主要从以下几方面对大学生创新创业提供了积极扶持。

(一)提升大学生创新创业能力

将创新创业教育贯穿人才培养全过程,深化高校创新创业教育改革,健全高校创新创业教育体系。

提升教师创新创业教育教学能力,推动教师把国际前沿学术发展、最新研究成果和实践经验融入课堂教学。

加强大学生创新创业培训,打造一批高校创新创业培训活动品牌,创新培训模式。

(二)优化大学生创新创业环境

降低大学生创新创业门槛,持续提升企业开办服务能力,为大学生创业提供高效便捷的登记服务。

便利化服务大学生创新创业,完善科技创新资源开放共享平台。

落实大学生创新创业保障政策,落实大学生创业帮扶政策,加大对创业失败大学生的扶持力度。

（三）加强大学生创新创业服务平台建设

建强高校创新创业实践平台，面向在校大学生免费开放，开展专业化孵化服务。

提升"大众创业、万众创新"示范基地带动作用，为大学生建设集研发、孵化、投资等于一体的创业创新培育中心、互联网双创平台、孵化器和科技产业园区。

（四）推动落实大学生创新创业财税扶持政策

继续加大对高校创新创业教育的支持力度。在现有基础上，加大教育部中央彩票公益金大学生创新创业教育发展资金支持力度；加大中央高校教育教学改革专项资金支持力度，将创新创业教育和大学生创新创业情况作为资金分配重要因素。

落实落细减税降费政策。高校毕业生在毕业年度内从事个体经营，符合规定条件的，在 3 年内按一定限额依次扣减其当年实际应缴纳的增值税、城市维护建设税、教育费附加、地方教育附加和个人所得税；对月销售额 15 万元以下的小规模纳税人免征增值税，对小微企业和个体工商户按规定减免所得税。对创业投资企业、天使投资人投资于未上市的中小高新技术企业以及种子期、初创期科技型企业的投资额，按规定抵扣所得税应纳税所得额。对国家级、省级科技企业孵化器和大学科技园以及国家备案众创空间按规定免征增值税、房产税、城镇土地使用税。做好纳税服务，建立对接机制，强化精准支持。

（五）加强对大学生创新创业的金融政策支持

落实普惠金融政策。鼓励金融机构按照市场化、商业可持续原则对大学生创业项目提供金融服务，解决大学生创业融资难题。落实创业担保贷款政策及贴息政策，将高校毕业生个人最高贷款额度提高至 20 万元，对 10 万元以下贷款、获得设区的市级以上荣誉的高校毕业生创业者免除反担保要求；对高校毕业生设立的符合条件的小微企业，最高贷款额度提高至 300 万元；降低贷款利率，简化贷款申报审核流程，提高贷款便利性，支持符合条件的高校毕业生创业就业。鼓励和引导金融机构加快产品和服务创新，为符合条件的大学生创业项目提供金融服务。

引导社会资本支持大学生创新创业。充分发挥社会资本作用，以市场化机制促进社会资源与大学生创新创业需求更好对接，引导创新创业平台投资基金和社会资本参与大学生创业项目早期投资与投智，助力大学生创新创业项目健康成长。加快发展天使投资，培育一批天使投资人和创业投资机构。发挥财政政策作用，落实税收政策，支持天使投资、创业投资发展，推动大学生创新创业。

（六）促进大学生创新创业成果转化

完善成果转化机制。研究设立大学生创新创业成果转化服务机构，建立相关成果与行业产业对接长效机制，促进大学生创新创业成果在有关行业企业推广应用。做好大学生创新项目的知识产权确权、保护等工作，强化激励导向，加快落实以增加知识价值为导向的分配政策，落实成果转化奖励和收益分配办法。加强面向大学生的科技成果转化培训课程建设。

强化成果转化服务。推动地方、企业和大学生创新创业团队加强合作对接,拓宽成果转化渠道,为创新成果转化和创业项目落地提供帮助。鼓励国有大中型企业和产教融合型企业利用孵化器、产业园等平台,支持高校科技成果转化,促进高校科技成果和大学生创新创业项目落地发展。汇集政府、企业、高校及社会资源,加强对中国国际"互联网+"大学生创新创业大赛(现更名为中国国际大学生创新大赛)中涌现的优秀创新创业项目的后续跟踪支持,形成大学生创新创业示范效应。

(七) 办好"互联网+"大学生创新创业大赛(现更名为中国国际大学生创新大赛)

完善大赛可持续发展机制,鼓励省级人民政府积极承办大赛,压实主办职责,进一步加强组织领导和综合协调,落实配套支持政策和条件保障。

打造创新创业大赛品牌,强化大赛创新创业教育实践平台作用,鼓励各学段学生积极参赛。

(八) 加强大学生创新创业信息服务

建立大学生创新创业信息服务平台,汇集创新创业帮扶政策、产业激励政策和全国创新创业教育优质资源,加强信息资源整合,做好国家和地方的政策发布、解读等工作。及时收集国家、区域、行业需求,为大学生精准推送行业和市场动向等信息。加强对创新创业大学生和项目的跟踪、服务,畅通供需对接渠道,支持各地积极举办大学生创新创业项目需求与投融资对接会。

加强宣传引导,大力宣传高校创新创业教育、促进大学生创新创业的必要性、重要性。及时总结推广各地区、各高校的好经验好做法,选树大学生创新创业成功典型,丰富宣传形式,培育创客文化,营造敢为人先、宽容失败的环境,形成支持大学生创新创业的社会氛围。做好政策宣传宣讲,推动大学生用足用好税费减免、企业登记等支持政策。

三、大学生自主创业现状

(一) 创业人数不断增长

越来越多的大学生将自主创业作为自己的新选择,创业人数也因此不断增长。

拓展阅读 3-2

中国青年创业就业基金会发布的《中国青年创业发展报告(2022)》显示,我国创业青年群体基本画像的明显特征是专科及以上学历的青年创业者占比超九成。从年龄和职业背景看,19—23 岁的在校大学生、高校应届毕业生、毕业后待业人员是青年创业主体,19—23 岁的创业者占比为 51.1%,其中 20 岁为创业高峰年龄。在职业背景方面,在校大学生占比为 51.3%,高校应届毕业生占比为 11.8%,毕业后待业人员占比为 10.7%,三者合计为 73.8%,较 2021 年增加 5.1 个百分点。

从学历层次看,大专及以上学历的青年创业者占比达 90%,较 2021 年增加

4个百分点。根据第七次全国人口普查数据,我国初中、高中（含中专）、大专及以上文化程度的人口占比分别为33.7%、14.8%、15.1%。调查问卷显示,创业者数量随着学历上升呈现倒U形分布,其中初中及以下占比仅为2.5%,高中/中专占比为7.2%,大专占比为36.2%,本科占比为51.2%,硕士及以上占比为2.9%,大专及以上学历的创业者总占比达到90.3%,反映出创业者的文化程度普遍较高。增长来源于大专学历创业群体的增加,反映出我国对高职学生创新意识和创业能力的培养更加成熟。

（二）创业意愿增强

多数大学生创业者在校期间就积极投身于各类创业活动,充分利用校园平台、资源。其中,较多的大学生创业者参加过创业大赛、创新创业课程学习、创业人士讲座等活动,自觉通过多种途径积累创业经验。大学生创业者有着较强的创业洞察力,能较好地把握时代潮流,主动对接国家重大战略和重大任务,选择合适的、有发展潜力的创业领域。

（三）创业行为更加理智

自主创业能够让大学生实现自我价值,也是非常重要的就业途径。以往,不少大学生对自己的创业能力和资源缺乏正确认识,仅凭一时冲动走上创业道路,最终发现创业并不像自己想象中的那样简单,如果经营不善,很可能会导致创业失败。随着创新创业教育的不断普及和深化,大学生的创业行为更趋于理性。大学生创业者思想独立,注重实干,而不是一味地追随创业潮流,对于创业对生活的影响和创业的现实难度有谨慎的考虑,会参考职业背景、家庭背景和工作的预期环境等多方面因素来权衡创业利弊。

（四）创业形式更加多样

以往创业者在选择创业项目时,较多选择餐饮、零售、运输、种植等传统行业。从现阶段的大学生创业特点来看,他们已经不再局限于传统行业领域,而更多地利用新技术、新媒介,结合传统行业,实现"跨界"创业。随着新一代信息技术(5G、区块链、云计算、大数据)的推广应用,互联网/移动互联网成为大部分大学生看好的创业领域。此外,新产业机遇多,核心技术人才缺口长期存在。产业升级、消费升级也孕育巨大的创业潜力。大学生正好可以借助这一技术发展和经济繁荣的机会,挥动创业梦想的翅膀,乘风而上。

● 3-4

文本：用趣味视频为家乡"带货"

🏆 **案例故事 3-1**

小张的助农实践

小张是一名大二学生,他的家乡广东湛江廉江市是中国红橙之乡。从高二开始,这个脑筋灵活的小伙子就琢磨着如何帮父老乡亲把产品卖出去。

大学期间,他跟着老师学习农田土壤治理调理。他发现,农户经常反映,果子种着种着,就长得一年不如一年了。扎根农村与千余户农户交流后,小张及其团队决定利用专业所学探索一条新的技术路径。我国钾矿的储备量非常丰富,但是不溶性的钾矿,很难农用化。他们经过科研攻关,成功将不溶性的钾矿变成可溶性的钾物质,以钾矿作为原料生产土壤调理剂,对于土壤的调理和改善非常有效。

一路走来经历千辛万苦,他感悟最深的是"做乡村振兴,最重要的是实践"。他不希望科研只停留在实验室中。"我觉得真正的科研攻关和技术突破,一定要让农户有获得感。"

目前小张和团队已经走访了全国五个省份,他们研发的矿物质土壤调理产品已经帮扶了 2 112 户农民,实现创造收益超过 5 000 万元。"乡村振兴真的大有可为!"小张说。

越来越多的年轻人在祖国广阔的乡村土地上奋斗着。他们来自国内外不同的高校,拥有不同的专业背景。他们立足于自身技术或当地的文化资源,深耕于某个具体的细分领域,力求扎扎实实地解决一些"三农"问题。

四、大学生自主创业的优势与劣势

(一)优势

1. 政策优势

国家和地方政府在不同层面上出台了很多有利于大学生创业的优惠政策;许多高校积极响应号召,加强了创新创业教育;社会服务机构加大了支持力度;投资机构对于大学生创业项目的投资热情也日渐高涨。总体而言,当前大学生创业面临着"政策东风"。

2. 知识资源优势

大学生是一个知识、智力和活力水平都相对较高的群体,具有较高层次的知识,也具有较强的专业能力,并且在大学中拥有更多的知识学习机会和个人成长机会。因此,知识资源是大学生创业的优势之一。

● 3-5

文本:大学生
"牛倌"的幸福
"牛事"

3. 活力优势

大学生群体朝气蓬勃,有活力,对认准的事情勇于体验,敢于大胆尝试和创新,敢于拼搏,有较强的自信心,也有较强的社会适应能力。

4. 创意优势

如今的大学生是"00后"。这些生活在信息大爆炸时代的年轻人有较强的领悟力,领会新知识、接受新事物较快,自主学习能力较强,思维活跃,很容易产生新的创意和设想。

(二) 劣势

1. 经验不足

大学生在校园中主要从事专业技能学习,这是我们在大学中的基本任务。从这个意义上说,大学生的思想较为单纯,较少经历和体验过社会生活,开展商业活动的经历更少。因此,对于大学生来说,即便产生了创业的意向和想法,绝大多数人在创业活动中也只是"摸着石头过河"。

2. 缺乏资金

大学生的经济来源以家庭支持为主。大学生要投身创业,在资金上要么找父母或亲戚筹集,要么借钱创业,资金相对较少,也缺乏持续性。缺乏资金可能会让具有创业想法的大学生望而却步,放弃创业。有些大学生平时会通过兼职打工赚取费用,但这对于创业所需的资金来说只是杯水车薪。

3. 缺少人脉

有人说人脉就是钱脉,这话确实有它的道理。拥有良好的人脉,即使资金不足、技术稚嫩,也能适当弥补。大学生大多时间都在学校里学习和生活,交往和认识的人也相对单一,大多是年龄相当、经验、阅历相似的同学。交流圈子的单一性让我们在谋求创业和初始创业时缺乏专业的指导者,找不到融资对象,在市场机会的把握上也感到困难。

五、大学生自主创业的心理准备

(一) 吃苦的准备

孟子云:"故天将降大任于是人也,必先苦其心志,劳其筋骨,饿其体肤,空乏其身,行拂乱其所为。"这句话对于创业者来说再贴切不过了。

成功创业者表面看上去风光无限,但也曾饱尝艰辛。他们现在的成功是建立在艰苦奋斗、努力拼搏的基础之上的。时时想着创业,处处考虑生意,他们的生活几乎和工作融为一体,不能分割。

想成为创业者,首先要做好吃苦的准备,特别是在创业初期,要付出更多的时间和精力。当别人在休息时,你可能还在忙碌工作;当别人和家人、朋友聚会时,你可能还在和客户商谈项目。许多成功创业者都是"工作狂",面对千头万绪的企业发展问题,不能睡到自然醒,没有周末,没有节假日,工作时间长,作息不规律,这些都要求我们预先做好吃苦的准备。

创业不是一件轻松容易的事情。如果你只是想试一试，碰碰运气，不能全身心地投入创业，你是没有办法忍受创业的艰辛和寂寞的。

（二）承受压力和挫折的准备

苏轼曾说："古之立大事者，不唯有超世之才，亦必有坚忍不拔之志。"创业是一件十分艰苦的事情，一开始就能取得成功的人毕竟不多。

有企业家曾告诫创业者："从创业的第一天起，你每天要面对的是困难和失败，而不是成功。困难不能躲避，不能让别人替你去扛，任何困难都必须自己去面对。创业者在任何时候都要勇往直前，而且要不断创新和突破，直到找到一个方向。跌倒了就爬起来，又跌倒再爬起来，如果说有成功的希望，就是因为我们始终没有放弃。"

创业是对人的意志力的挑战，不是一朝一夕就有所成就的，需要付出很多努力。身处逆境能否坚定信念、承受压力、坚持到底，常常决定着创业的成败。坚定的创业者即使碰到了严重的困难，遭受了重大的挫折，仍然对前景充满信心，有勇气在跌倒后再次站起来，开辟新的天地，最终走向成功。只有执着地沿着既定目标和方向勇敢前进，才能克服在创业道路上遇到的障碍。

有人说："一棵小树之所以能长成大树，就是因为它有一种坚韧不拔、默默向上的精神；人也一样，只要你时时刻刻都想着扩展你的事业，不受任何外来因素的影响，总有一天你会成功。"在创业路上，遇到再大的困难也要坚持，不能放弃；做到耐得住困难、耐得住麻烦、耐得住挫折。

🏆 案例故事 3-2

小黄和小李的服装生意

小黄和小李是大学同学，大学毕业后，两人同时开始自主创业，主要经营服装生意。刚进入市场时，正好赶上淡季，服装卖不出去，每天还要交房租和市场管理费等。眼看着天天赔钱，小李动摇了，她将服装店转让出手，赔了不少钱，并发誓从此不再做服装生意。小黄却不这样想，她认真地分析了当时的情况，觉得赔点钱是正常的：一是自己刚刚进入这个市场，没有经营经验，不了解顾客的心理，交一点"学费"很正常；二是当时正赶上淡季，每年的这个时候，服装生意都不好做。通过分析，小黄对前景很有信心，觉得自己可以继续经营服装生意。果然，下一个季度，小黄的服装店开始盈利了。慢慢地，小黄已成为当地小有名气的服装店老板，每年纯利润20多万元，而小李多次改行都未成功，现在仍然一筹莫展。

（三）积极乐观的心态

每个人都渴望成功，创业者尤其如此。选择了创业之路，就必然会遇到各种各样的困难和问题。创业者面对困境时的心态也影响着创业的方向。创业是向未知领域的探险，创业者必须相信自己，相信正在追求的事业，还要以信念和实际的行动来说服和感染他人，化解危机和矛盾，获得信任和支持，这对事业的成功十分重要。

创业者要经历许多挫折和失败，只有始终保持乐观、积极的心态，才能在失败之后振作起来,并从失败中总结教训、汲取经验,以便更好地投入实践,去争取成功。积极的人看到的永远是事物好的一面,而消极的人只看到不好的一面。积极的心态能把坏的事情变好,消极的心态会把坏的事情变得更坏。

　　积极乐观的心态是创业成功的重要因素。创业之路也许顺利,也许艰难和充满风险,但不管怎样,对于创业者来说,积极的心态都能使人保持乐观的情绪、顽强的意志和冷静的头脑。因此,积极乐观的心态是人生和事业成功的基础。当然,创业者也不能盲目地乐观,对所遇到的问题需要认真对待、理性分析,并积极地处理。创业中遇到暂时的挫折并不可怕,只要积极面对,也可以将危机转化成机会。

课堂活动 3 - 2

互 动 分 享

　　大学生自主创业不仅是自己的事,父母对创业的态度也将直接影响大学生的选择。如果创业需要家里帮忙投入启动资金,这对不少家庭而言都是一个挑战。大部分父母也希望子女毕业后能找到稳定的工作。在这种情况下,即使不需要家人投资的大学生也会犹豫,那些希望家里提供资金支持的大学生更是一筹莫展。对此,你有何看法?大学生是否应该选择自主创业?

3

思考与练习

(一) 回顾总结

1. 通过本专题的学习,我懂得了: _____

_____

_____。

2. 通过本专题的学习,我掌握了: _____

_____

_____。

(二) 案例分析

小王是某高职院校市场营销专业的大三学生,他和几个朋友一起在某电商平台上售卖体育用品。由于生意一直不见起色,勉强维持了一年后,他们只好关闭了网店,投入的创业资金基本赔完了。小王说:"我们花了一年时间去承认失败。不错,我们没有获得事业上的第一桶金,但是收获了很多经验和教训,熟悉了网店经营流程和客户沟通技巧。成长就是学习的过程。"这次的经历让小王学到了不同于书本知识的市场营销经验。

通过以上案例,你如何看待大学生自主创业免不了"交学费"?

(三) 课外活动

调查不少于三名创业成功或者正在创业的大学生,了解他们选择自主创业的原因,他们是如何确定自主创业项目的,以及取得成功的原因。

专题四
创业机会与创业项目

引导语

　　同学们,在理解了创业的内涵,了解了创新创业的内外部因素,对创新创业充满兴趣之后,你是不是又产生了新的疑问——"当前有什么创业机会?""如何看出它是不是好的创业机会?""如果它是好的创业机会,我该如何选择创业项目?"

　　通过本专题的学习,同学们可以深入理解创业机会的内涵,了解创业机会的来源,掌握识别创业机会的方法,依据不同的要素,参考基本的流程,科学合理地选择创业项目。

 学习目标

　　1.了解创业机会的内涵和来源,了解选择创业项目的依据。

　　2.掌握识别创业机会的方法,能合理选择创业项目。

　　3.增强创业机会识别和项目选择的合理性,提升创业自我效能感。

单元一 识别创业机会

 问题导学

1. 创意都能转化为创业机会吗?
2. 如何识别创业机会?
3. 创业项目与创业机会有何关系?

案例导入

"新印相"的互联网创业

随着共享单车、共享充电宝,共享雨伞等共享产品陆续走入大众生活,一种新的经济模式——共享经济正在发展,这给行业的发展和大学生创业都提供了新的思路。在这样的背景下,"共享打印"也应运而生。

"新印相"是由一群大学毕业生组建的创业团队,经过三年的研发、创新和实践,已在国内共享打印领域开辟了自己的高校共享打印阵地。团队还拿到了千万元级 A 轮融资,项目估值一亿元。

据"新印相"创始人兼 CEO 钱朗介绍,"新印相"自助云打印平台的创建,是立足于对校园打印困境调查的基础之上的,它依托智能手机,将文件上传至云端平台,自动生成二维码,打印者通过定位到附近的"新印相"智能云打印终端扫描二维码即可完成打印。打印范围包含照片、文档、机票、成绩单、火车票等。除此之外,他们还有专门针对白领办公、大学生论文排版研发的"云排版"自助排版打印系统。

"互联网+"渗透进了我们的生活,校园打印这个领域却未被深入挖掘。"新印相"打造了一个 O2O 云打印平台,方便学子随时、随地上传并打印文件,不受传统打印行业时空上的限制。"新印相"不局限于校园,政务大厅、便利店、小区、景区等也是他们的服务场所。

当今时代,社会变革速度越来越快,到处都蕴藏着创业的机会,但也常常有人错失创业良机。对创业者来说,发现和识别真正有价值的创业机会,选择合适的创业项目,并进行科学合理的评估,是极富挑战性的事情。

一、创业机会概述

（一）创意与创业机会

创意是一种通过创新思维挖掘、激活、组合资源,进而提升资源价值的想法。创意实际上就是新的思想或新的概念。产业结构的变化、科技的进步、通信手段的革新、经济活动的信息化、价值观与生活形态的改变、人口结构变化等,都会给行业带来潜在的发展机遇。创业者可以把握这些变化,挖掘新的创意,发现新的创业机会。

通常,创意是创业项目诞生的开始。因此,创业者可以从各个方面收集创意,挖掘好的商机。

创业机会是指具有较强吸引力、其存在较为持久的有利于创业的商业机会,创业者据此可以为客户提供有价值的产品或服务,同时使自身获益。换句话说,创业机会是在市场经济条件下,在社会的经济活动过程中形成的有利于企业经营的因素,是一种带有偶然性并能被创业者认识和利用的契机。

一般而言,要把握创业机会必须有资源(人、财、物、信息、时间和技能等),有相对稳定的客户群体,在"机会之窗"敞开期间被实施。若竞争者有了同样的思想,并已把产品推向市场,那么"机会之窗"可能就关闭了。

（二）创业机会的特征

1. 隐蔽性

机会是无形的、隐蔽的,它每天都出现在我们身边,却不会轻易让人发现。狄更斯曾说过,机会不会上门来找人,只有人去找机会。这就需要我们时刻关注生活中的问题。只有认真思考、分析,并善于利用技术手段,才能更好地发现与把握机会。也正因为如此,人们觉得创业机会是神秘而又宝贵的,能抓住创业机会的人往往更容易赢得机会、获得成功。

> **案例故事 4-1**
>
> ### 陈妍的花瓣生意
>
> 　　陈妍刚毕业时,凭兴趣投资三万元接手了一间花店。一次,她去参加朋友的婚礼,被从空中撒下的五颜六色的塑料花瓣所吸引。事后她询问那位结婚的朋友为什么不用真花瓣,对方说:"用鲜花瓣代替塑料花瓣,确实能让婚礼现场的气氛更浪漫、更有品位,但一束鲜花那么贵,却采不下多少花瓣,整场婚礼撒下来得多少钱?"

小贴士 4-1

有价值的创意具备的特征有:①独特、新颖、难以模仿;②客观、真实、可实施;③对用户、创业者同时具备价值。

●4-1

文本:创业机会和商业机会的联系与区别

4

陈妍灵光一闪：花店经常对外出租花篮，用于结婚典礼、公司酒会、开业庆典等活动，但每次收回花篮后，她和同事都会把这些用过的鲜花扔进垃圾箱。如果将那些完整、色泽鲜艳的花瓣一片一片地撕下，再按不同颜色分门别类地装进塑料袋，卖给婚庆公司，让婚礼上下起真正的"花瓣雨"，岂不是让废弃的花瓣重新有了利用价值？

随后，陈妍带着收集的花瓣到附近一家婚庆公司推销。老板听了她的想法后说："这是不是太奢侈了？顾客能接受吗？"陈妍胸有成竹地说："放心吧，我给你的价格绝对优惠，每千克不超过200元，每场婚礼一千克也就够用了。你按照每千克300元到400元销售，也不贵。"最终，婚庆公司老板答应以每千克180元的价格向她收购。接下来，陈妍又与几家影楼和婚庆公司达成了供货协议。

出于长远打算，陈妍决定扩大进货渠道，以合理的收购价格与十多家花店签订了收购残花的协议。被当作垃圾处理的残花也能卖钱，这让花店老板们很愿意接受，协议一签就是几年。她的花瓣生意越来越大，月盈利不低于1万元。此后，陈妍索性不再做鲜花生意，将店名也改成了"花瓣专卖店"。

2. 偶然性

创业机会具有隐蔽性，难以被发现，再加上人们的认知水平、技术能力等方面的有限性，使创业机会的发现和把握具有偶然性。正如很多人都看到过苹果落地，却只有牛顿仔细思考探索，发现了万有引力。因此，发现创业机会，还需要创业者平日养成对周边环境变化敏锐观察的习惯，以适时适当地形成创意构想。

3. 时代性

不同时代具有不同的发展特点，即使处于同一个时代，不同民族、国家、地区的发展情况也各不相同，因而创业机会也千差万别。比如，在蒸汽时代、电气时代、信息时代，创业机会和创业项目各不相同，都会随着时代的发展产生相应的变化。不同国家、不同民族还存在着制度和文化的差别，这也会产生不同的创业机会。

4. 易逝性

我国有句古话："机不可失，时不再来。"这句话正好体现了创业机会的易逝性。马克·吐温也曾说："我极少能看到机会，往往在我看到机会的时候，它已经不再是机会了。"这也正说明机会不会轻易地出现，而一旦出现，或稍纵即逝，或已发生了变化。特别是在目前的信息大爆炸时代，人工智能、信息技术飞速发展，社会变化越来越快，很多问题、需求、技术都在不断变化和发展。创业机会人人都有机会把握，谁先下手，谁就能拔得头筹，离成功更近一步。

> **拓展阅读 4-1**
>
> 中国互联网络信息中心(CNNIC)发布的第53次《中国互联网络发展状况统计报告》显示，截至2023年12月，我国网民规模达10.92亿人，互联网普及率达

77.5％；网络基础设施建设持续加强，新型消费持续壮大，网络惠民走深走实，更多人共享互联网发展成果。

新型消费潜力迸发

报告指出，2023 年，我国互联网应用持续发展，新型消费潜力迸发，数字经济持续发展，助推我国经济回升向好。

中国互联网络信息中心副主任介绍，2023 年，数字消费实现高质量发展。网络购物、电商直播等线上消费类应用依然延续了增长势头，用户规模均较 2022 年增长超 6 000 万人。全年网上零售额达 15.4 万亿元，同比增长 11％，连续 11 年稳居全球第一。

网购消费增势良好的同时，新消费增长点也在不断涌现。

报告称，以沉浸式旅游、文化旅游等为特点的文娱旅游正成为各地积极培育的消费增长点。截至 2023 年 12 月，在线旅行预订的用户规模达 5.09 亿人，较 2022 年 12 月增长 8 629 万人，增长率为 20.4％。

同时，国货"潮品"消费、绿色消费、智能产品消费等新消费增长点不断形成。中国国际电子商务研究中心电商首席专家介绍，据统计，在网上购买过国货商品的用户占网络购物总体用户的比例达 58.3％；在网上购买过绿色产品的用户占网络购物总体用户的比例达 29.7％；购买过智能家电、可穿戴设备等智能产品的用户占网络购物总体用户的比例达 21.8％。

专家表示，不断涌现的网络消费新业态、新模式、新热点，正在成为我国消费升级的一种趋势、潮流。

数字鸿沟持续弥合

"截至 2023 年 12 月，我国网民规模达 10.92 亿人，较 2022 年 12 月增长 2 480 万人；农村网民规模达 3.26 亿人，较 2022 年 12 月增长 1 788 万人。"中国互联网络信息中心主任介绍，我国持续加快信息化服务普及，缩小数字鸿沟，坚持在发展中保障和改善民生，让更多人共享互联网发展成果。

一方面，网络基础设施建设不断推进，城乡上网差距进一步缩小。另一方面，数字技术的发展也使得公共服务更加便捷包容。

报告指出，2023 年，我国网约车、互联网医疗用户规模增长明显，较 2022 年 12 月分别增长 9 057 万人、5 139 万人，增长率分别为 20.7％、14.2％，智慧出行、智慧医疗等持续发展让网民的数字生活更幸福。

网络视频优质内容供给丰富

在中国网络视听节目服务协会副秘书长看来，网络视频行业是 2023 年中国互联网行业发展的一大亮点。

报告显示，截至 2023 年 12 月，我国网络视频用户规模达 10.67 亿人，较 2022 年 12 月增长 3 613 万人。

"新入网的 2 480 万网民中，37.8％的人第一次上网时使用的是网络视频应用，较排名第二的即时通信高出 21.7 个百分点。"专家认为，作为对新网民最具吸引力的互联网应用,我国网络视频应用的发展环境持续优化,内容供给不断丰富,推动行业发展迈上新台阶。

"以微短剧为代表的网络视频内容蓬勃发展,实现'量增质升'。"中国互联网络信息中心互联网发展研究部主任介绍,网络视频平台纷纷推出精品扶持计划,鼓励高质量微短剧创作,多部优质微短剧得到观众的认可。

二、创业机会的来源

● 4-2

微课:创业机会的来源

创业是发现市场需求,寻找市场机会,通过投资、经营企业满足这种需求的活动。创业需要机会,机会要靠发现。创业机会的出现往往受环境的变化,市场中的不协调或混乱,信息的滞后、领先或缺口,以及各种各样其他因素的影响。创业机会的来源有很多,主要可归纳为以下四个方面。

(一)市场需求

社会的发展进步,使顾客的需求越来越丰富多样,市场也随之发展变化,逐渐出现了新的需求与供给之间的矛盾。创业的根本目的是满足顾客需求,顾客的需求在得到满足之前就是创业机会。创业者寻找创业机会的一个重要途径是发现自己和他人的需求或生活中的难处。未被满足的需求就是所谓的"痛点",就是潜在的创业机会。

案例故事 4-2

小小神童洗衣机

一般来讲,每年的 6—8 月是洗衣机销售的淡季。每到这段时间,很多厂家就把促销员从商场里撤回去。海尔集团的创始人告诫员工:"只有淡季的思想,没有淡季的市场。"他自己也时常纳闷:难道天气越热,出汗越多,人们越不洗衣服?他经过调查发现,不是人们不洗衣服,而是在夏天,洗衣量大的洗衣机不实用,浪费水电。于是,海尔的科研人员很快设计出一种洗衣量只有 1.5 千克的洗衣机——小小神童。小小神童洗衣机投产后先在上海试销,结果在上海很受欢迎。很快,海尔又将这款洗衣机投向全国市场,同样取得了意想不到的销售业绩。在不到两年的时间里,海尔的小小神童洗衣机在全国卖出了 100 多万台,并出口到日本和韩国。

（二）新变化

不管是经济环境、政策环境，还是文化环境、生态环境的改变，都会给人们带来生活方式的变化。产业结构的变动、消费结构的升级、人口结构的变化、居民收入水平的提高、全球化的发展等，都蕴含着创业机会。比如，随着我国居民收入水平不断提高，私人轿车的拥有量不断增加，就会衍生出汽车销售、修理、配件、清洁、装潢、二手车交易、代驾等方面的诸多创业机会；人口老龄化的趋势催生了养生保健、养老服务等方面的创业机会；生育政策的改变进一步推动了母婴产品、家政、保姆、早教等多方面市场的发展。

（三）新技术

单一技术的新变化或者多种技术的组合所产生的新发明都有可能带来新的创业机会，主要表现在新技术和新发明满足了人们不断发展变化的需求，创造了便利，却也带来许多相关问题；新技术和新发明大大提高了人们的办事效率，改变了人们的日常行为方式和社会生活，同时也制造出许多空白的市场空间。技术进步是创业机会最重要的来源。

（四）市场竞争

如果创业者能弥补竞争对手的不足，这也将成为创业机会。仔细看看同行业的竞争对手，你能比他们更快、更可靠、更便宜地提供产品或服务吗？你能比他们做得更好吗？如果答案是肯定的，你也许就找到了创业机会。

拓展阅读 4-2

创业机会的主要类型有以下几种。

（1）升级型，即在现有产品与服务的基础上进行重新设计、改良，产生新的产品与服务的创业机会。

（2）潮流型，即追随当下的新潮流、新趋势的创业机会，比如电子商务、直播带货。

（3）研究型，即创业者通过系统的研究和分析发现的创业机会。

（4）随机型，即机缘巧合，偶有所得的创业机会，如随机发现的好创意和好想法。

三、创业机会的识别

（一）创业机会识别的一般过程

创业过程就是对创业机会进行识别、开发、利用的过程。在创业过程中，创业机会识别是创业的起点，这也是创业过程中的一个重要阶段。创业者通过创业机会识别，筛选出合适的创业机会，依据相关的资源、技术和条件，持续开发和利用这一机会。创业机会识别的一般过程可以分为三个阶段：发现创业机会、识别创业机会和评估创业机会。

案例故事 4-3

张明的农产品店

张明毕业于某高职院校的计算机专业。大学期间,他就树立了自主创业的志向,组织几名有相同兴趣、计算机技术水平较高的同学,在校内开了一家设计工作室,接到过不少订单。

毕业后,张明进入了一家电脑公司,从事广告设计。他并没有放弃自己的创业梦想。在积累了一定的工作经验后,他又萌生了创业的念头。他开展了几次切实的市场调查,发现随着经济社会的发展和老龄化的深入,人们的健康观念日益增强,更加关注食品安全,希望购买安全、健康、绿色的农产品。张明认为,在高端农产品经营方面还有很大的市场空间,这个创业机会值得抓住。于是,他把目标锁定在有机农产品领域,投资20万元,开了一家农产品店。

张明并不满足于普通农产品的经营,他希望通过市场考察,发现更多能拉动营业额提升的产品。一次考察时,有位养鸡专业户向他提到,有一种土鸡蛋的蛋壳是青色的,这种鸡蛋十分少见,比普通鸡蛋更有营养,非常适合老人和小孩食用。张明听了很受启发,除了引进这种鸡蛋,他还有更深入的考虑。

考察结束后,他将店里在售的几十种产品一一归类,分别标注好产地、营养价值等多种信息,将其编成一个个"产品故事",还总结出了教消费者如何分辨农产品品质好坏的诀窍。赋予产品"故事"后,消费者对产品的认可度有了显著提升,仅两个月,店里的销售额就突破了40万元。在张明的农产品店里,产品旁边摆放着五颜六色的"故事牌",方便消费者挑选适合自己的产品。

1. 发现创业机会

在这一阶段,创业者可以利用多种方法探寻创业机会,如搜集感兴趣的信息、资料,分析行业发展和市场需求,与其他创业者进行信息共享、交流和探讨,亲身参加创业实践体验等。

创业者的原始创业想法是信息存量与理性程度高度匹配的结果,经验和人脉网络也影响着创业者发现创业机会的概率。在发现创业机会阶段,创业者对创业机会的认知是比较粗浅和简单的,有时只有一个想法、概念或者创意。

2. 识别创业机会

这一过程包括两个步骤:① 创业机会的标准化识别,即通盘分析整体的市场环境、行业环境、经济环境,判断是否存在有利的、

小贴士 4-2

创业机会识别的核心要素:创业愿望是创业机会识别的前提,创业能力是创业机会识别的基础,环境支持是创业机会识别的关键。

4

可以实现的创业机会;② 创业机会的个性化识别,即考量自身的创业动机、创业目标与预计的创业成效,评判这一创业机会是否具有价值。

3.评估创业机会

创业不是仅仅有想法和创意便能成功的。在创业过程中,随时都要对创业机会与资源、环境等进行评估,这是一个持续的过程,毕竟每个创业机会都存在一定的风险。许多创业者开始创业时怀着满腔热情,信心满满,但因为没有坚持做评估,最终遭受失败的打击。

（二）创业机会的识别方法

1.市场调查法

创业切忌盲目冲动,前期必须经过认真的调查分析。这就好比在生产一个新产品之前,必须经过前期的市场调查,包括了解目标顾客的需求情况,分析当前存在的各种竞争产品,结合自身优势对产品特色加以定位等。市场调查法是创业机会识别的重要方法。通过调查获取大量信息对发现创业机会中的潜在问题,以及鉴别其是"真机会"还是"伪机会"有很大帮助。

🏆 **案例故事 4-3**

失败的"电动扳手"

有人来一家机械有限公司推广一个名为"电动扳手"的专利项目。推销员介绍,这种电动扳手可以用于更换汽车轮胎,非常省时省力。推销员还强调拥有该项目的公司如何正规,发明人有多少头衔,并且拿出一摞文件,有专利证书、技术鉴定报告等,还有关于成本、销售价格及市场前景分析等的资料。

未经任何市场调查,这家机械有限公司的领导当即一次性花十万元买断了此项专利。公司马上声势浩大、轰轰烈烈地干了起来,全力生产电动扳手。在高昂的生产热情下,公司花四个月生产了一万套,库房里的电动扳手堆积如山,可市场销售方面始终没有起色。公司组织了多个推销分队奔赴全国各地的汽车生产厂家、出租车公司甚至汽车维修点去推广,但收效甚微。几个月下来,仅仅销售了36套。

某天,公司领导无意间听到司机说:"那电动扳手没什么用,送给我我都不愿意要,既费马达又费电,还不如普通扳手好。"司机的一番话如针似刺,狠狠扎进了领导的心。望着堆积如山的电动扳手,领导后悔不迭。

左侧边栏:

● 4-3

文本:如何破解流量背后的"创业密码"?

4

技术要变成创业机会,不能简单地从技术层面展开思考。如今,道路交通状况改善了很多,汽车轮胎被扎的情况很少。况且现在的司机大多使用手摇和脚踏扳手换轮胎,电动扳手要用汽车电瓶里的电,要接线,要耗电,操作十分麻烦,价格还比普通扳手贵几百元,司机们当然不愿意用。如果当初领导先进行一次市场调查,把样品买来交给司机们去试用一下,那该多好!

2. 趋势观察法

趋势观察法是通过观察市场发展趋势来识别创业机会的常用方法。在创业之前,创业者应找出各种最能反映趋势的要素,观察这些要素的变化,分析变化中存在的规律,及时发现变化中存在的各种机会。一般情况下,创业者大多从分析产业与市场结构变化的趋势、人口统计资料的变化趋势、价值观与认知的变化趋势等方面来识别创业机会。

3. 问题发现法

这里所谓的问题,就是理想与现实的差距。问题发现法即着眼于发现问题来识别创业机会的方法。每个问题都是一个被巧妙掩饰的机会。寻找机会首先要善于发现问题、解决问题,许多成功的创业都是从解决问题起步的。市场需求通常来源于现实中出现的问题,顾客提出的建议也一样具有参考和借鉴价值。有企业家说过,看到了别人的需要,你就成功了一半。

4. 技术创新跟踪法

新技术、新发明、新创造能满足顾客需求,也能创造前所未有的创业机会。任何产品都有其生命周期,产品会不断趋于成熟直至走向衰退,最终被新产品所代替。创业者如果能够跟踪产业发展和产品更替的步伐,就可以通过技术创新不断找到新的创业机会。

(三) 创业机会的评估

通常,成功的创业行为都来自绝佳的创业机会。刚开始创业时,创业团队与投资人均对创业前景寄予厚望,创业者更是对创业机会在未来能够带来丰厚利润充满信心。但是,创业失败的情况时常发生。为降低创业风险和减少投资损失,创业者应首先对创业机会进行客观评估。

1. 评估的内容

(1) 市场容量。进行创业机会评估,首先要分析这个创业机会对应的市场容量有多大。市场是由有购买能力、有购买意愿的消费者组成的,市场容量取决于消费者对产品或服务的需求量和需求增长速度。较为理想的情况是有一个巨大并快速增长的市场,在这种情况下,哪怕创业者只占有很小的市场份额,产品也会有很大的销售量。

(2) "机会之窗"的大小。创业机会经常被比作窗户。也就是说,它是真实存在的,但它不是永远敞开的。因此时机的选择很重要。创业者必须了解"机会之窗"打开的时间,评估自己能否在"机会之窗"关闭之前把握这一创业机会。

拓展阅读 4-3

"机会之窗"是创业机会在市场中存在的时间跨度,一般指的是市场已经认可了这个机会,相应产品或服务的市场规模从快速扩张直到基本停止的时间段。

"机会之窗"理论是彼得·德鲁克根据产业的发展规律提出来的,主要说明产业的发展有一个生命周期。一个产业刚出现时,人们并不了解该产业,甚至持怀疑、观望的态度,产业市场规模很小或者几乎没有顾客。等到社会环境发生变化、人们认识到其价值时,该产业会出现爆发式增长,产品和行业都进入了成长期,成长速度会比较快。这时比较容易出现需求增长速度超过供给增长速度的情况,供不应求,形成了较大的市场空间,这就给新创企业提供了进入的机会。德鲁克把这种情况比喻为打开了一扇窗户,所以称其为"机会之窗"。随着涌入市场的企业日渐增多,供给增长速度追上了需求增长速度,甚至出现供过于求的情形。这时,新进入者的机会就会越来越小,市场空间也在越变越小,"机会之窗"也趋于关闭。这时如果再进入市场,利益空间已经很小,甚至没有了。

4

(3) 个人能力。对于创业者来说,能够投入多少努力、是否愿意承担投资风险、可以承担多大的风险都是非常重要的问题。因此,创业者需要评估自己是否具备抓住该创业机会所需的能力(包括知识、技能和特质)。

(4) 资源条件。是否具备足够可用的资金、技术、人才和其他必需的资源,将决定创业者能否利用某个创业机会进行创业活动。如果产品或服务在某个地区有一定的市场容量,但创业者本身缺乏相应的资金、技术和人才,其他必需的资源条件也难以满足,那么这个创业机会对他来说就没有太大的吸引力了。

(5) 环境因素。对创业机会环境因素的评估不能仅仅局限于微观环境,还应包括政治环境、经济环境、地理环境、法律环境等宏观环境。政治环境的不稳定会使很多国家的创业机会不具有吸引力,特别是当其需要高额投资并且投资回收期较长时。如果某地缺乏必要的基础设施,如道路、水电设施、通信设施、学校、医院,哪怕有较高的创业回报率,也会影响创业机会的吸引力。

调查和评估上述因素的过程,实际上就是对创业机会进行可行性论证研究的过程。作为创业者,应该将对上述相关因素进行调查和评估的结果以创业计划书的形式展现出来。市场论证严密、文字表述清晰、内容简洁有效的创业计划书是创业机会评估结果的系统展现。

2. 评估的准则

(1) 市场评估准则。

① 市场定位。通过评估市场定位是否明确、顾客需求分析是否清晰、顾客接触通道是否流畅、产品能否持续衍生等方面,来判断该创业机会能否创造市场价值。为顾客创造的价值越高,创业成功的机会也就越大。

② 市场规模。市场规模大,进入门槛较低,市场竞争激烈程度也会下降。若要进入的是一个十分成熟的市场,那么利润空间会很小,很可能不值得进入;若要进入的是

一个成长中的市场,只要进入时机合理,必然会有获利的空间。

③ 市场结构。要对创业机会的市场结构进行以下方面的分析:进入门槛,供货商、顾客、经销商的谈判力量,替代性产品的威胁和市场内部竞争的激烈程度。由此可以得知新创企业在市场中的地位及可能遭遇竞争对手反击的程度。

④ 市场占有率。通常来说,要成为某一特定市场中的领导者,最少需要有 20% 的市场占有率。若市场占有率低于 5%,则创业者的市场竞争力不强,自然也会影响企业未来的价值。尤其是处在具有"赢家通吃"特点的高科技产业中时,必须拥有成为市场中前几名的能力,创业机会才有较高的投资价值。

(2) 效益评估准则。

① 税后利润。通常具有投资价值的创业机会至少应该能够创造 15% 的税后利润。如果预期的税后净利润在 5% 以下,那么这就不是个很好的投资机会,创业者要尽早做出取舍。

② 投资回报率。通常情况下,考虑到创业所面临的各种风险,合理的投资回报率应该在 25% 以上。如果投资回报率达不到 15%,该创业机会就不值得进行投资。

③ 盈亏平衡时间。好的创业机会一般可在两年之内实现盈亏平衡,如果三年之内还达不到盈亏平衡,就不是值得投资的创业机会。

④ 资本需求量。资本需求量较低的创业机会一般比较容易受投资者青睐。资本投资额过高其实并不利于创业成功,甚至还会带来稀释投资回报率的负面效果。一般来说,知识密集型创业机会对资本的需求量较低,投资回报率反而较高。

⑤ 毛利率。一般而言,理想的毛利率是 40%,当毛利率低于 20% 的时候,该创业机会就不值得考虑了。毛利率高的创业机会风险较低,也比较容易达到盈亏平衡。反之,毛利率低的创业机会风险较高,遇到决策失误或市场产生较大变化的时候,企业很容易遭受损失。

⑥ 退出机制与策略。为应对达不到预期的回报率,或创业条件、目标市场发生变化等情况,需要有适当的退出机制和策略。因此退出机制与策略也是评估创业机会的重要指标。好的创业投资机会同时也应该有合适的退出机制及策略。

课堂活动 4-1

分 组 讨 论

(1) 根据全班同学总人数确定分组数,每组以 4～6 人为宜。

(2) 同一小组的同学围坐在一起,各小组分别选择一个创业机会,以小组为单位进行讨论和评估。

(3) 各小组分别派一名代表,向全班介绍本组的创业机会、评估情况及结论。

(4) 教师对本次课堂活动进行全面总结,并逐一分析每个小组的讨论意见及结果。

问题导学

1. 选择创业项目时需要考虑哪些方面的因素?
2. 创业项目选择有无可以参考的步骤?
3. 如果目前还不具备实施创业项目的条件,该怎么办?

案例导入

失败的创业项目选择

某高职院校毕业生小刘因为理想的工作不好找,萌发了自主创业的想法,但苦于没有合适的创业项目。为这事发愁之际,小刘偶然在杂志上看到某省的一家专利技术实施公司欲转让一种"高效蜂窝煤技术"的信息,该公司称"这种蜂窝煤一根火柴就能点燃,蓝色火苗有一尺多高,可代替液化气"。小刘喜出望外,马上不远千里找到了这家公司,在现场走马观花地看了一会儿,便被新奇的场景及五花八门的获奖证书蒙蔽了,遂花6 800元买断了该项技术在自己所在地区的独家使用权及经销权。

但是,小刘回家后无论怎样做,都达不到广告推介和当时在现场看到的效果。折腾了几个月,小刘发现这项技术几乎全国都有,平均转让价格仅1 000元,可是没有人能成功地进行批量生产。小刘感觉上当了,算上买技术专利、租建厂房、购买设备、来回路费等各种费用,他前后赔了20多万元。

创业项目分类很广,按照行业来分可以分为餐饮创业项目、零售创业项目等门类,按照载体来分可以分为互联网创业项目和实体创业项目。从更广的范围来说,加盟连锁品牌,开一家小店,实际上也都可以算是创业项目。很多创业者在创业过程中难以坚持到最后,很大程度上是因为在选择项目时没有进行充分论证,所选择的创业项目对消费者没有多大的吸引力,再加上竞争过于激烈,才最终败下阵来。

一、选择创业项目的依据

(一)消费者对产品(或服务)需求的强烈程度

消费者有性别、年龄、文化层次、职业等因素的差异,创业者可依据这些因素对消费者进行细分,从而将他们细分成不同的消费群体,每一个消费群体就是一个细分市场,也就是企业应该集中精力服务的对象。选择创业项目时一定要知道所服务的对象群体到底是哪些人,他们对产品(或服务)需求的强烈程度如何。需求越强烈,项目越容易做起来;需求越弱,项目越难做。

(二)市场竞争态势

创业者应时刻清楚自己的创业项目面对的直接竞争对手是谁,间接竞争对手是谁,竞争的激烈程度如何。如果竞争比较激烈,自己的产品(或服务)有没有新价值、新特色来应对,最要紧的就是打造自己的产品(或服务)的竞争力;也可以选择竞争相对较弱的其他项目来做。对于创业者来说,做好市场定位,才能够更好地应对市场竞争,免得刚一进场就被踢出局。

(三)进场时机

一个市场在刚刚开始成长的时候往往不被重视,竞争程度相对较低,此时进场相对比较容易。目前知名的大型互联网企业能发展壮大,也是因为创业者把握了互联网产业蓬勃发展的先机。市场发展成熟或者正在衰退,意味着先机已经失去,此时要么市场被几大竞争对手牢牢掌控,要么该行业处于衰退期,不论是哪种情况,此时进场都为时已晚。因此,对进场时机的把控是项目能否成功的关键因素。

(四)产品(或服务)特色

当面临竞争激烈的市场环境时,要知道自己提供的产品(或服务)与竞争对手的产品(或服务)的差异点在哪里,这些差异点对消费者来说是否有价值,有什么样的价值。差异点对消费者越有价值,产品(或服务)就越有销路,盈利就越多。

(五)成本、价格与利润

创业项目中产品(或服务)的成本、价格、利润等指标各是多少,创业者要非常清楚。对毛利率达不到 20% 的创业项目要慎重考虑。有时候仅通过毛利率指标就可以否定一个项目,因为创业必须考虑利润。

(六)创业者个性与项目的匹配度

当创业者遇到困难、挫折时,是选择坚持继续创业,还是选择放弃,与其个性有很大关系。因此,创业者选择创业项目时,要清晰地认识到自己的兴趣爱好是什么,什么事情才是有价值的,创业项目能否满足自己的内心追求,是否与自己的价值观相匹配。

案例故事 4-5

李孟的园艺开发创业

李孟大学毕业后决定自主创业。怎样才能选择一个好的创业项目？李孟为此颇费脑筋。经过长时间的调研，李孟决定搞园艺开发。一是因为他喜欢莳花弄草，对园艺有相当浓厚的兴趣；二是因为他有丰富的经验，在实习时曾做过绿化种植和绿化装饰设计。他和同学一道筹集资金，租了六亩土地，办起了园艺场。现在，他们种植了包括七个大棚、两间暖房在内的六亩地的盆花和观赏植物，花卉品种达百余个，拥有30多家固定客户，资产近200万元。

4-4

文本：自主创业
如何选择项目

（七）资源条件

创业者选择创业项目时要充分了解自己的资源条件，要清楚自己的资源条件能否满足项目需求，避免在资源条件不足的情况下盲目追求看起来光鲜的创业项目。

上述因素中前五个因素是创业的外部环境因素，后两个因素是创业者的自身因素。创业者选择创业项目时，要将自己的实际情况与外部环境因素结合分析，才能做出最佳选择。

二、选择创业项目的基本步骤

选择创业项目的流程一共可分为四个步骤，如图4-1所示。

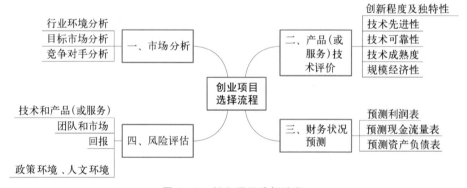

图 4-1 创业项目选择流程

（一）市场分析

通常情况下，选择创业项目是从市场分析开始的，客观、准确的市场分析是正确选择创业项目的前提。可靠的市场容量及其增长速度，可以为新创企业带来商机，相反则会为新创企业带来较大风险。

创业项目的市场分析主要包括三个部分,即行业环境分析、目标市场分析和竞争对手分析。

1. 行业环境分析

行业环境分析的工具有很多,比较常用的有波特的"五力分析模型",即通过分析供应商、购买者、替代品、现有竞争对手、新进入者五个因素,大致了解行业概况并预测行业趋势,由此判断新创企业在市场中的地位及市场竞争程度。

创业者在分析自己的产品或服务时,应先了解行业增长状况,或者预测行业未来的增长潜力。可以通过查阅相关年鉴或行业协会的调研资料,获取相关信息,来计算行业的集中度和年均增长率,从而大致得出该行业市场规模的大小,判断此行业是在高速增长还是已趋饱和,是完全竞争市场还是寡头垄断市场。

对新兴行业的行业分析是无法从经验数据入手的,这就需要借助宏观经济环境预测、技术发展预测,通过政府的行业政策、社会环境、人们生活习惯的变化来进行分析,借助对产品(或服务)的发展潜力及市场对技术商业化需求的分析来获得更深入的结论。

行业环境分析可以采用专家访谈法和二手资料分析法。专家访谈法的访谈对象包括政府主管部门、行业协会、大学和研究院所的专家,竞争对手的雇员,客户所在单位的专家等;二手资料的来源包括专业网站、综合经济网站、专业报刊、行业协会报告、专利数据库、各级政府部门的行业发展计划、专业展览会、专业研讨会、专业咨询顾问机构的报告等。

2. 目标市场分析

目标市场分析是根据已获得的市场调查资料,运用统计原理,分析并找到目标市场的过程。好的创业项目必然具有特定的市场定位,专注于满足顾客的特定需求。从市场营销角度看,目标市场分析既是市场调查的组成部分和必然结果,又是市场预测的前提和准备过程。只有准确找到目标市场,并针对特定顾客制定相应的营销战略,进行有针对性的专门服务,才能有效地开展营销活动。

进行目标市场分析,首先必须确定市场细分的标准。对个人消费者而言,一般的分类标准有年龄、性别、家庭人数、收入、地理区域等;对单位客户而言,一般的分类标准有行业、地区、规模、利润、购买目的、产品性能等。确定细分的目标市场后,就可以着手进行调查了。

目标市场分析的主要内容包括:① 宏观制约因素分析,主要包括总体经济形势、总体消费态势、产业发展政策、市场政治、法律背景等;② 微观制约因素分析,主要包括供应商与企业关系;③ 市场概况分析,主要包括当前市场销售额、市场可能容纳的最大销售额、未来市场规模的发展趋势、对本品牌构成竞争的品牌、市场有无季节性;④ 现有消费者状况分析,包括消费者总体消费态势、消费者总量、消费者的年龄、消费者的职业、消费者的收入、消费行为(购买动机、购买时间、购买频率、购买数量)、消费者的态度

（对产品的喜爱程度、对本品牌的偏爱程度、对本品牌的认知程度）等。

3. 竞争对手分析

4-5

文本：共享手机：2024年创业新风口

竞争对手可以成为创业者最好的老师，既可以为创业者提供成功经验的借鉴，又可以为创业者提供失败教训和参照标准，还能帮助创业者接触新思想、借鉴先进的管理方法，不断地提升自己。对竞争对手进行分析有助于创业者摸清竞争对手的情况，发现和学习竞争对手的长处，从而提高竞争能力。

竞争对手分析并不是简单地了解现在有多少竞争对手，他们提供什么样的同类产品，销售额是多少，仅仅了解这些信息是不够的。创业者想进入市场，必须确切地、全方位地了解自己的竞争对手，主要包括竞争对手的产品、目标市场、主要客户情况、供货商情况、销售渠道及销售系统、营销策略、研发能力、技术人员和管理人员状况、生产设备和生产能力、盈利状况和潜力、核心竞争能力、成功或失败的根本原因，还必须了解竞争对手的主要客户对其产品（服务）的评价、客户的忠诚度等。

有了竞争对手的这些信息，创业者就可以有针对性地进行SWOT分析，制定专门的对策应对市场竞争，增大决策的成功率，最大限度地规避风险。

拓展阅读 4-4

SWOT分析法又称为态势分析法，是一种能够比较客观而准确地分析和研究企业现实情况的方法。

SWOT四个英文字母分别代表优势（strength）、劣势（weakness）、机会（opportunity）、威胁（threat）。从整体上看，SWOT可以分为两部分：第一部分为SW，主要用来分析内部条件；第二部分为OT，主要用来分析外部条件。利用这种方法可以从中找出对自己有利、值得发扬的因素，以及对自己不利、要回避的因素，发现存在的问题，找出解决办法，并明确以后的发展方向。通过这种分析，可以将问题按轻重缓急分类，明确哪些是目前急需解决的问题，哪些是可以稍微拖后解决的问题，哪些属于战略目标上的问题，哪些属于战术上的问题，并将各种因素列举出来，依照矩阵形式排列，然后用系统分析的思想，把各种因素相互匹配起来加以分析，得出一系列相应的结论，从而做出正确的决策和规划。

把SWOT分析的四个维度综合起来考虑，可以建构SWOT矩阵（图4-2）。在完成环境因素分析和SWOT矩阵的构造后,便可以制订相应的行动计划。制订计划的基本思路是:发挥优势因素,克服弱点因素,利用机会因素,化解威胁因素;总结过去,立足当前,着眼未来。运用系统分析的综合分析方法,将各种环境因素相互匹配、加以组合,得出一系列企业未来发展的可选择对策。

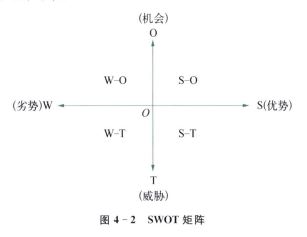

图 4-2 SWOT 矩阵

(二) 产品(或服务)技术评价

创业项目的产品(或服务)技术评价主要包括以下四个方面。

1. 创新程度及独特性

对产品(或服务)的创新程度评价主要考查相对于原有产品(或服务)的创新情况,如功能是否有所增强,性能是否有所改善,能否更好地满足顾客需求。产品(或服务)的独特性评价,则要看新产品(或服务)是否具有独一无二的特点,市场上是否存在同类产品(或服务),以及是否难以模仿。

2. 技术先进性

技术先进性可以用三个方面的指标来衡量:技术功能指标、技术性能指标和技术消耗指标。

产品功能是通过技术功能实现的。顾客买的是功能、解决方案,技术功能指标的先进程度直接决定产品(或服务)的功能水平。因此,一定要保证顾客获得先进的技术功能。技术性能指标是否先进主要表现为技术参数的高低,是不是采用了目前最领先的技术。技术消耗指标主要是指实现技术功能、技术性能所需各类消耗的水平。技术消耗指标的先进性是技术先进性的一个重要表现。

3. 技术可靠性

技术可靠性体现在核心技术的成熟性、技术整体的配套性和技术的风险性三个方面。

核心技术的成熟性主要考虑的是技术效果的稳定性,以及核心技术是否经过工业性试验。技术整体的配套性主要是看生产中的所有技术是否配套,即便所有技术都很先进,但是它们在共同使用过程中不能协调、配套,这样的技术组合也是失败的。技术的风险性是指技术本身的先天不足(技术不成熟、不完善)或可替代的新技术出现的时间短等多种因素带来的风险性,还包括制造技术和使用技术的不确定性所带来的风险性。

4.规模经济性

要想创业项目在市场中占有一席之地,并迅速成长壮大,就必须考虑拟用技术的规模经济性。为此,要关注三个重要的指标:盈亏平衡产量、利润最大化的最佳产量、特定设计与设备条件下的预期产量。需要注意的是,如果预期产量达不到盈亏平衡产量,企业必然是亏损的;如果预期产量达不到最佳产量,企业将得不到最大化的利润。

(三)财务状况预测

财务状况预测主要是对项目未来收益进行的预测,看项目是否能够给投资者带来与风险所匹配的回报,其重点是项目的预期收益。

财务状况预测主要以预测的财务报表为基础,包括预测利润表、预测现金流量表,重点考查投资资本需求、资本支出维持水平、计划资本支出、计划折旧与摊销时间、资产寿命、融资需求等;预测资产负债表,重点考查各类目的变动情况及其合理性。

投资回报预测主要是根据创业项目的特点,选择和确定能够正确反映项目风险的贴现率,建立合理的现金流量模型,并用这一贴现率计算项目的净现值、投资回收期、投资回报率等的预测。

(四)风险评估

在对创业项目进行风险评估时,需要将定性分析与定量分析结合起来,通过系统而充分的研究,定性分析出与项目有关的各种不确定因素,确定这些不确定因素的概率分布,并在多方面比较和选择的不同条件下,定量地分析出与项目有关的各种因素在发生变化时对项目投资效果产生的影响。

在具体进行风险评估的时候,需要注意以下几点。

(1)以对技术和产品(或服务)的评价为基础。重点分析企业核心技术的含金量是多少,是否具有完全的自主知识产权,技术和产品(或服务)的持续发展能力如何。

(2)对团队和市场的评价是评估的关键。应重点分析创业者的素质、核心技术人员的稳定性、团队与企业利益的关联度、管理的开放性等。既注重对现有市场的分析,又强调技术创造市场需求的能力。还要分析市场进入壁垒、竞争激烈程度、销售增长率、市场占有率及其增减趋势等。

(3)能否获取高额回报是评估的目标。应重点分析企业无形

●4-6

文本:选择创业
项目的四个步骤

资产价值、企业核心资产价值、风险投资退出渠道、资本增长倍数与回报率。

（4）要特别注重对政策环境、人文环境等全方位风险因素的分析。

课堂活动 4－2

分 组 讨 论

　　垃圾分类是按一定标准将垃圾分类储存、分类投放和分类搬运，从而将其转变成资源的活动。垃圾分类可以减少垃圾处理量和处理设备需求量，降低处理成本，减少各类资源的消耗，具有社会、经济、生态等方面的效益。垃圾分类是我国目前环保政策的一大内容，我们在生活中也总会遇到垃圾分类的各种问题。那么，如何解决生活中的垃圾分类问题？能否从中找到相关的创业机会？

　　全班同学分组，每组 3～5 人，分别结合小组成员的专业与能力，提出与垃圾分类相关的创业项目点子，小组集中讨论与评估，确定创业项目的可行性。

4

思 考 与 练 习

（一）回顾总结

1. 通过本专题的学习，我懂得了：_____

_____

_____。

2. 通过本专题的学习，我掌握了：_____

_____

_____。

（二）案例分析

网络上有许多所谓的创业金点子、成功案例、小本生意大全，宣称只需小本投资，无须经验，无须技术，总部全程扶持，可以轻松赚钱。

对此，你怎么看？请你任选其中的一个项目，进行深入分析。

（三）课后实践

最近，有朋友问你："最近新闻媒体上正在全力推广×××项目，据说非常火，能轻松帮助人们解决×××问题。我要加入他们，开始创业，你说好不好？"请你利用本专题所学知识，真诚、负责地给出你的建设性意见。

专题五
创业计划书与商业模式

引导语

　　同学们，创业是一项充满挑战和风险的任务，如何在创业过程中少走弯路、防范风险，提高创业的成功率呢？关键就在于合理拟订创业计划书并设计好商业模式。

　　创业计划书既体现了谋划创业远景、目标、路径的市场策略，也是叩开投资人大门的"敲门砖"。它不仅是向外界展示创业计划的工具，更是创业者指导企业运营和管理的内部宝典。创业计划书可以帮助创业者定期回顾与调整创业计划，及时发现并解决潜在问题，确保企业始终沿着正确的道路发展。

　　通过本专题的学习，同学们可以了解创业计划书的内容构成、撰写要点及技巧，学会如何通过创新商业模式打造新创企业的核心竞争力，为企业未来的发展奠定坚实基础。

 学习目标

　　1. 了解创业计划书的基本结构和作用，了解商业模式的内涵和关键要素。

　　2. 掌握撰写创业计划书和创新商业模式的方法，提升盘点、整合资源的能力。

　　3. 进一步增强全局规划意识。

单元一　编写创业计划书

 问题导学

1. 创业者为什么要编写创业计划书？
2. 有的创业者的创业计划书写得很好，为什么他们创业还是失败了？
3. 创业者该如何构建自己的盈利模式？

案例导入

创业计划书的重要性

王光英毕业于环境工程专业，经过多年的潜心研究，他在环境污染治理技术方面取得了一项重要突破，这项技术如果在实际中得到应用，前景非常广阔。于是他辞去原来的工作，准备自主创业。但是，由于多年的积蓄都用在了环境污染治理的研究上，在七拼八凑注册成立一家公司后，他便没钱购买原材料和设备了。无奈之下，他想到了风险投资，希望通过引入风险投资走出困境。

经过多方联系，王光英与一些个人投资者、风险投资机构进行了商谈。虽然他反复强调自己的技术多么先进，市场前景多么广阔，并拍着胸脯保证投资自己的公司回报绝对低不了，却总是难以令对方信服。而投资人问到的许多数据，如一年可以有多少销售量，每年的投资回报率有多高，他也没办法提供。此外，他在招聘技术、管理骨干时，也遇到了同样的难题，因为应聘者对公司的前景同样缺乏信心。

这时，一位做管理咨询工作的朋友的话点醒了他："你的那些技术有几个投资人搞得懂？连一份像样的创业计划书都没有，怎么让别人相信你？"

于是，他静下心来做市场调查。在查阅大量资料的基础上，起草了一份较为完整的创业计划书，从公司的经营宗旨、战略目标出发，对公司的技术、产品、市场销售、资金需求、财务指标、投资收益、退出机制等方面进行了详细分析和论证。之后，他带着这份创业计划书初稿向专家请教，在相关专家的指点下，他又对创业计划书进行了修改和完善。

凭借这份翔实的创业计划书，王光英不久便与一家风险投资公司达成了投资协议。有了风险投资的支持，员工招聘问题也迎刃而解。现在，王光英的公司经营得红红火火，年销售利润已达到 5 000 多万元。

　　回想往事,他感慨:"创业计划书的撰写绝不是随便写一篇文章的事。编制计划书的过程,就是不断理清自己思路的过程。只有自己的思路清楚了,才有可能让投资人、员工相信你。"

一、创业计划书概述

(一) 概念

　　创业计划书也叫商业计划书,是创业者为创业而准备的,通过具体分析和描述创办新企业所需满足的各种条件和必须考虑的各种因素,对创业活动和创业者自身的条件进行系统、全面的评估,以展现项目的潜力和商业价值,获得投资人支持的书面方案。

　　创业计划书体现了创业者对初创企业发展的整体规划。通过撰写创业计划书,创业者可以认真审视创业项目的可行性、企业未来的经营情况和发展策略,同时,创业计划书还是新创企业融资必须具备的基本文件。

　　创业计划书作为创业者在创业准备阶段所做的创业项目可行性论证报告,是一份详细阐述新创企业诸要素的书面文件。尽管有些创业者的创业行为是"即兴发挥",没有编制创业计划书,然而在竞争越来越激烈的今天,无论你的目标是实现创业梦想,还是为了在创业大赛中证明自己,你都需要将自己的创业计划以清晰明了的文本形式呈现出来。

　　创业项目千差万别,因此,创业计划书的内容也不可能一成不变。但完整、合格的创业计划书也有基本相似的内容结构,通常包括封面、扉页、目录、摘要、正文[新创企业介绍、产品(或服务)、管理团队、行业与市场分析、生产制造计划、营销策略、财务规划、融资计划、风险评估与管理]、附录等几部分。

● 5-1

文本:创业计划书是创业者的"另一张脸"

(二) 主要作用

1. 项目运作主体的沟通工具

　　作为对新创企业发展的整体规划,创业计划书能帮助创业者进行对外宣传,有效吸引投资人、员工、战略合作伙伴等利益相关者,帮助创业者找到合作伙伴,获得资金及政策的支持。

2. 项目运作主体的管理工具

　　创业计划书作为项目运作主体的管理工具,内容涉及项目运作的方方面面,具有战略性、全局性、长期性的特点,可帮助创业者理清思路、凝聚人心,全程指导项目运作,引导新创企业不断前行,走向成功。

5

3. 创业者的行动纲领和创业项目的执行方案

创业计划书是创业者的行动纲领和创业项目的执行方案，可以帮助新创企业有计划地开展商业活动，预防和化解创业风险，降低经营成本，合理地调整组织结构和分配资源，为新创企业的经营活动提供有力依据与支撑，增加成功的概率。

4. 创业项目发展的总纲领

创业计划书是创业项目的市场营销、财务管理、生产管理、人力资源管理等职能计划的综合，是创业项目发展的总纲领。通过创业计划书的编制，创业者可以重新审视新创企业的经营情况、发展前景，深入了解企业的核心竞争力，评估企业的发展策略。

5-2

文本：创业计划书的功能

二、创业计划书的基本内容与编写要求

（一）封面

封面也叫标题页，主要内容包括创业计划书编号、保密等级、项目名称、作者姓名、联系方式、编制日期。如属大学生参赛作品，还应有指导教师姓名等信息。

封面设计要求风格简洁大方，线条美观流畅，文字明朗清晰。

封面是创业计划书的"脸面"，通常单独成页。根据项目内容和阅读对象的不同，封面可以适当包装，如加装硬皮封面或塑料封皮，以体现对阅读对象的重视，展现自身的实力和风格。

一般而言，创业计划书封面设计以不加图案为宜，对于已有某种成果或具体规划的项目而言，也可以将相关图案作为封面背景，以凸显主题。

（二）扉页

扉页一般保持空白，或写上保密要求。对创业者来说，创业计划书的保密是个非常重要的问题，通常采用以下三种做法：① 尽量不把敏感信息写进创业计划书中，同时创业计划书的内容必须充实，否则难以令人信服；② 在扉页添加一段保密要求说明；③ 起草一份保密协议，要求相关人员妥善保管创业计划书，未经创业者同意，不得向第三方公开创业计划书涉及的商业秘密。保密要求一般放在扉页，由收件人在上面签字。

值得一提的是，因保密纠纷而采取法律行动的创业者相当罕见，由于耗时费力，对小型的初创企业来说，诉讼将是一个较重的负担。

（三）目录

创业计划书的篇幅较长，页码较多，为方便读者迅速了解创业

5

计划书的内容,创业计划书应编制详细的目录,各部分标题清晰,并且与正文一致,所对应的页码准确。目录通常不要超过三页。

（四）摘要

摘要是将创业计划书的核心内容加以提炼形成的,放在创业计划书的最前面,主要目的是吸引战略合作伙伴或投资人的注意。摘要应简明扼要、条理清晰,涵盖创业计划书的重点内容。对创业者的创业思路、发展目标及竞争优势等内容都应一一呈现。

摘要的主要内容一般包括以下方面。

（1）新创企业介绍。主要对企业名称、创办思路、现状、背景、性质和经营范围等做简要叙述。

（2）产品(或服务)。用通俗的语言具体描述公司的产品(或服务)名称、为用户解决了什么问题,突出产品(或服务)的新颖性、先进性、独特性及竞争优势。

（3）管理团队及组织结构。简要展示创业者的经历、经验和特长,创业者和核心管理团队成员的背景、特点及过往经历。

（4）行业和市场分析。概述行业历史与前景、市场规模及增长趋势、行业竞争对手及自身的竞争优势、未来三年的市场销售预测等。

（5）生产制造计划。简要说明生产方式、生产设备、工艺流程、质量保证、成本控制等情况。

（6）营销策略。概述营销方案、策略的可操作性和有效性,对销售人员的激励机制等内容。

（7）财务规划。重点介绍未来三年或五年的销售收入、利润、资产回报率等情况。

（8）融资计划。重点说明创业项目的资金需求量、使用计划,拟出让股份,投资者权利和退出机制等。

（9）风险评估与管理。主要介绍项目实施中可能出现的风险及拟采取的控制措施等。

（10）企业发展目标。概述企业的短期、中期和长期目标。

（五）新创企业介绍

对新创企业的基本情况做全面、详细的介绍,一般包括以下内容。

（1）阐述新创企业的宗旨、经营理念、背景、现状,创意的形成过程。

（2）企业基本情况。包括企业名称、组织形式、投资额、负责人、注册情况、经营场所、开业时间、业务状况、主要股东、股份比例等。如果不是新创企业,这一部分应对企业以往的经营情况做客观的评述,不回避失误。中肯的分析往往更能赢得信任,使创业计划书更容易被接受。

（3）企业的使命。具体介绍企业目标、企业使命、企业理念和企业标志。

（4）创业者的成长经历、性格、兴趣爱好、特长、经验和追求等。创业者的素质与才能对企业的经营业绩往往起着关键性的作用。因此,创业者应尽量突出自己的优点,并表现出强烈的进取精神,给读者留下好印象,这是赢得信任的一个非常重要的筹码。

(六) 产品(或服务)

产品(或服务)是企业运营和获取利润的载体。产品(或服务)能否很好地满足目标顾客的某种需求,并能在多大程度上解决这种需求背后存在的现实问题,是人们评估创业项目时非常关注的问题。

这一部分主要介绍现有产品(或服务)的性能、技术特点、目标客户、盈利能力,未来的产品(或服务)研发计划等。这一部分在整个创业计划书中显得非常重要,直接关系到读者对市场的预测和对企业财务状况方面的判断。

一般来说,产品(或服务)部分应包括以下几方面的内容。

(1) 产品(或服务)介绍。包括产品(或服务)的名称、种类、特性、功能、用途及对顾客的价值。不仅要让读者能清楚地知道该种产品(或服务)具体解决了目标顾客什么样的现实问题,而且要让读者感受到与同类产品(或服务)相比,这种产品(或服务)能给目标顾客带来更大的便利和满足,投资这种产品(或服务)能获得较大的回报。

(2) 知识产权情况。产品(或服务)是否申请了专利,有哪些专利;创业者与拥有此产品(或服务)专利的企业是否签订了生产许可协议;产品(或服务)的品牌建设情况。

(3) 所处阶段。包括产品(或服务)的研发过程,获得相关权威机构鉴定、奖励的情况;产品(或服务)目前处在生命周期的哪个阶段,采取过何种方式改进产品(或服务)质量、性能和功能;是否有新的开发计划。

(4) 市场竞争力。主要分析本产品(或服务)与同类产品(或服务)相比的优点和缺点、目标顾客购买和使用本产品(或服务)的原因和可能性等情况。

(5) 成本构成。包括产品(或服务)的研发费用或技术改进、更新换代产生的相应成本,如设备购置成本、开发人员的工资。

小贴士 5 - 1

产品(或服务)介绍的基本要求:创业者要对产品(或服务)做出详细的说明,可以附图说明,突出产品(或服务)的新颖性、先进性、独特性等优势;要做到语言准确、客观公正和通俗易懂,使非专业人员的读者也能明白。

(七) 管理团队

管理团队对投资人来说是非常重要的。因为创业计划执行、贯彻的力度与成效将在很大程度上取决于团队成员的素质与决心。高素质的管理人员和良好的组织结构是创业成功的重要保障。

这部分内容具体包括:① 企业管理团队成员的背景资料,各部门的负责人及其能力、职务和责任,他们的经验、过去的成功经历及背景等;② 组织结构,主要包括企业的组织机构图、各部门的功能与责任、股东名单(包括认股权、比例和特权)、报酬体系和人

5

事成本等;③ 各部门的主要人员配置情况,包括企业现在及未来的人才需求情况、解决途径等。

(八) 行业与市场分析

(1) 行业分析与预测。行业分析与预测主要涉及该行业的发展程度及发展动态,创新和技术进步在该行业中扮演的角色,行业发展趋势、价格趋向,经济发展对该行业的影响程度,该行业的市场结构、竞争本质、行业壁垒、投资回报率等。基于对上述因素的分析,创业计划书要写清楚可供新创企业利用的商机在哪里,创业者准备如何有效地进入该行业,将采取什么样的经营发展战略,实现什么样的战略目标。

(2) 市场需求分析与预测。市场需求分析与预测主要涉及产品(或服务)的细分市场和目标市场、市场区域范围、市场规模、市场发展趋势及市场占有率、目标市场需求特点和发展走势、影响市场需求的因素及方式、需求水平与企业效益之间的关系等。

(3) 顾客分析。顾客分析涉及顾客概况、购买动机、购买心理、购买行为等。

(4) 竞争对手分析与预测。从市场和行业两方面,辨别目标市场中谁是自己最直接和最主要的竞争对手,竞争对手的产品(或服务)、价格、营销渠道、竞争策略情况,其竞争的优、劣势;新创企业的进入会引起他们怎样的反应,这些反应会造成什么影响;结合自身的资源条件,新创企业将采取何种竞争策略,能获得多少市场份额,能带来的预期利润有多大。

企业面对的市场是变幻不定、难以捉摸的,而市场预测不是凭空想象出来的,需要做大量严密、科学的市场调研,广泛收集数据和信息,采用科学的预测手段和方法,有效地对市场情况进行分析和预测。行业和市场分析错误是新创企业经营失败的主要原因之一。

(九) 生产制造计划

通过制订生产制造计划,创业者会对生产制造过程进行细致梳理。生产制造计划应尽量详细,并尽可能提供工艺流程图、生产设备等佐证资料。

生产制造计划的主要内容包括:① 生产条件,包括生产所需的厂房数量、面积和构造格局,设备的类型、数量,设备的引进、安装情况,供应商情况,人员需求的数量和条件等;② 生产的方式和工艺情况,包括生产线设计、产品组装、产品的工艺流程和生产图纸、供货者的前置期和资源的需求量等;③ 产品的质量控制,包括物料需求计划及其保证措施、质量控制和质量改进计划等；④ 生产经营计划，包括新产品投产计划，开发新产品所需的设备、技术，更新设备的要求，进货渠道，存货控制与订单处理措施等。

（十）营销策略

营销是企业经营中最有挑战性的环节。产品本身可能没有问题，但如果营销时机、策略、方式等不对，也将直接影响新创企业的生存和发展。在创业计划书中，营销策略应包含以下几个方面。

（1）营销模式。通过分析影响企业营销的内、外部环境因素，确定企业的营销团队运作模式，营销队伍，有效的营销管理、激励机制。

（2）价格策略。结合企业的竞争策略和战略规划，具体制定出本企业产品的定价策略、定价方法以及单位产品价格。

（3）渠道策略。主要包括创业者拟选择的销售渠道及其依据，各产品销售渠道短期、中长期的销量目标、利润目标，确保目标实现的依据，如何对各分销渠道进行有效的管理和控制，如何解决产品的仓储与配送等问题。

（4）促销策略。包括具体的促销方式、方案、实施过程、确定促销所要达到的目标效果等。

（十一）财务规划

财务规划的主要内容包括销售收入预测、销售和成本计划、现金流量计划、盈利能力分析、盈亏平衡分析及财务分析，通常采用现金流量表、资产负债表及利润表反映。

企业的资金流问题是通过财务规划来展示和说明的。创业项目效益的好坏，最终都要通过财务状况来反映，不论是创业者还是其他读者都非常关注该内容，需要花费较多的精力来做详细、具体的分析。

初创企业的财务规划一定要与生产制造计划、营销策略等内容保持一致，它们之间是密不可分的。因此，必须明确产品的生产量和销售量、平均生产成本和价格、分销渠道的预期成本和利润水平、人员类型和工资预算等问题。这些是判断财务预测是否准确的依据，也是衡量财务管理水平的标尺。

（十二）融资计划

这部分是以寻求融资为目的的创业计划书必需的内容。融资计划既要对融资需求、用途等提供令人信服的理由，又要展示令人心动的投资回报和退出机制。

融资计划的主要内容包括以下几点。① 融资数量和途径。主要说明创业项目需融资的总额、已获得的投资额、还需融资的数量，以及将采用的融资工具等。② 资金使用情况，即所融资金具体的使用方案。注意必须确保所融资金专款专用，以保证项目实施的连续性。③ 融资担保问题。主要说明抵押或质押物品数量、提供担保的人或机构，并提供抵押、担保等的相关文件。④ 股权结构、资金运作和利润分配。应提供融资后的股权结构表，阐述融资后的资金运作方案、利润分配方案等。⑤ 退出方式。包括资金的投资回收期及相应的本金、投资的退出方式等。

拓展阅读 5-1

通常,对以融资为目的的创业计划书来说,投资人最关心的问题有两个:一是创业者的商业创意、产品(或服务)是否有唯一性;二是创业团队能否胜任相关工作。因此在编写计划书时,创业者一定要在这两方面着力阐述,详细分析。另外,获取利益是投资人的根本目的,尽早收回资金是其投资的前提。因此,对未来收益的财务预测及对风险资金的退出安排也是创业计划书应着重说明的部分。

(十三)风险评估与管理

一般来说,风险评估与管理主要包括风险的评估及其应对措施。

根据新创企业的现状和市场环境,分析确定新创企业未来可能会面临的经营风险,并提出规避风险的具体方法,切忌盲目乐观、无视风险。要针对风险评估中发现的各种情况,有的放矢,详细提出防范和改进的措施。任何一家企业都面临着一些风险,特别是新创企业。创业者必须对创业项目进行风险评估,以便及早制定有效的策略来应对。对还未真正开始市场运作的创业者来说,由于创业项目尚未经过市场的检验,创业计划书只是创业者依据自己的经验与市场调研进行的创业构想,不管创业者对风险分析得如何细致,也难以保证将来创业一定会成功。因此,进行充分的风险评估主要是在向读者传达这样一种信息:创业者已经做好了充分的风险防范准备,并具有一定的风险应对能力,其目的是强化潜在的合作伙伴、投资人的信心。有了风险评估与应对策略,在日后的实际运作中,面对经营中的各种风险,创业者也能处变不惊,采用相应策略来化解风险,保证初创企业的正常运转。

创业者可以根据初创企业及创业项目的具体情况,在创业计划书正文部分的内容基础上增添或删改。对不同的创业者来说,创业计划书各部分内容的侧重点是不一样的。对重点内容应具体阐述,详细分析;对一般内容,可扼要介绍,甚至一笔带过。这需要创业者自行把握。

(十四)附录

附录是对正文中涉及的相关数据、资料的必要补充。通常来说,在正文中不便列明的补充资料均可在附录部分体现。附录包括附件和附表两部分,附于创业计划书的最后,以备查阅。

小贴士 5-3

创业计划书编写中的常见问题:① 未做市场调研;② 调研数据没有针对性;③ 缺少竞争对手分析和市场分析;④ 没有盈利计划;⑤ 财务数据不真实,盲目乐观;⑥ 团队不成熟;⑦ 逻辑混乱,缺乏实质性内容;⑧ 包装太明显,卖点过多;⑨ 只重视利润,忽视现金流;⑩ 盈利模式不清晰。

5

1. 附件

创业计划书中的附件主要包含以下几种类型：① 营业执照复印件；② 项目主要负责人简历及业绩证明材料；③ 专业术语说明；④ 注册商标、专利证书、生产许可证、鉴定证书、获奖证书等；⑤ 媒体有关报道及行业权威机构对产品或技术的评估分析报告，样品、图片及其他说明材料；⑥ 企业形象设计、说明书、出版物、包装说明等；⑦ 市场调研报告；⑧ 工艺流程图；⑨ 场地租用证明；⑩ 产品市场成长预测图。

●5-3

文本：创业计划书的编写原则

2. 附表

创业计划书的附表主要有以下几种类型：① 主要设备清单一览表；② 主要产品目录一览表；③ 主要客户名单一览表；④ 主要供货商及经销商名单一览表；⑤ 预估分析表；⑥ 各种财务报表及财务预估表。

●5-4

微课：编写创业计划书的常见问题

拓展阅读 5-2

创业计划书编写完成后，应从以下几个方面加以认真检查。

（1）创业计划书是否显示出创业者具有管理企业的经验。

（2）创业计划书是否显示出创业者有能力偿还借款。

（3）创业计划书是否显示出创业者已做过深入细致的市场调查，进行过完整的市场分析。

（4）创业计划书是否容易被投资人领会，是否有目录，能使投资者较容易地查阅各部分内容。

（5）创业计划书是否有摘要，摘要能否引发投资人的兴趣。

（6）创业计划书在文法上是否全部正确。

（7）创业计划书能否打消投资人对产品（或服务）的疑虑。

三、创业计划书的展示

创业计划书的展示一般分为两种形式，即书面展示和陈述展示。陈述展示就是我们经常说的路演，也是创业计划书展示最普遍、最重要的形式。路演即创业者在公共场合进行演说，推介理念，是让行业人士、评审专家、投资人及顾客在短时间内了解创业项目的最有效方式。

新创企业创业计划书的展示应该注意以下几点。

（一）讲清楚要做的事情

讲清楚团队成员最擅长解决哪些问题，通过技术解决了用户

小贴士 5-4

创业计划书内容展示的六大原则：① 客户价值至上；② 产品描述清晰；③ 市场调研科学细致；④ 直面竞争，不回避；⑤ 行动计划无懈可击；⑥ 管理队伍富有战斗力。

5

什么问题。开场白可以这样说:"我们是××创业团队,我们正在做……下面我将介绍一下为什么用户需要这个产品。"

为了让投资人印象深刻,最好凝练出一个足够吸引人的口号或句子,并在展示过程中多次提及,让投资人牢记。

(二) 着重介绍创业团队

大部分需要融资的新创企业还没有将创意转化成真正的业务,盈利模式还不明确。投资人最终投资的还是"人",所以团队介绍是路演中的重要环节。

创业团队对这个项目的热爱,团队成员在行业中的经验,甚至团队成员认识多久、彼此之间的默契程度,这些都决定了听众是否相信团队有能力将梦想变为现实。

(三) 提高演示的效率

1. 篇幅不宜太长

一般情况下,演示文稿的篇幅在 10 页左右,不超过 20 页。在演示文稿中能用一句话说清楚的就尽量用一句话来表达,如用一句话解释创业想法的起源(创业计划书的切入点),用一句话解释市场的需求(市场展望),用一句话描述产品满足了什么需要(产品介绍),用一句话描述市场中还有谁提供这种产品(竞争对手分析),用一句话描述产品的优势在哪里(竞争优势分析),用一句话告诉听众自己如何做到比竞争对手更强(产品研发)等。

2. 避免使用过多的专业术语

路演者要避免使用过多的专业术语。将专业术语转化成通俗易懂的话语,让人更容易接受。

3. 突出重点

每个页面都应该是有意义的,有要点、有内容,并且越主要的内容越靠前。演示文稿只展现关键字,在演讲过程中能起到提示的作用就足够了。

4. 少文字,多图表,适度美化

最好用图表和数字来阐述,真实可信的数字最有说服力。产品有多少用户、这些用户中有多少是忠实用户、产品的宣传效果如何,对听众而言,这些运营数据就是产品以外最直观的体验。

还需要添加一些更加直观的图表,将实验数据、论证材料、计算结果等呈现在演示文稿中,以增强说服力。相比文字,图表的可视性更强,并且可以更直观、简洁地表达出想要重点突出的内容。

制作演示文稿时可以对排版、颜色进行适度的美化。美化时,注意动静结合、图文并茂,除了黑色和白色,最多只能使用三种颜色。

如果路演者不擅长演示文稿制作,那就请制作高手来帮忙。

(四) 提供产品演示模型

成功的演示胜过千言万语,在路演现场展示模型,模拟用户使用场景,让潜在投资人在互动中体验你的产品,同时再分享用户使用后的感受,这会给投资人留下深刻的印象。

（五）注重演讲技巧

为了取得令人满意的现场效果，路演者需要掌握一些演讲的技巧，比如，言谈举止自然从容，适当控制语速，让话语听起来更清晰；合理使用非语言表达技巧，可以通过眼神转换、表情传递、手势示意、位置移动、语音语调的变化与停顿来吸引听众的注意，提高互动沟通效果。当然，使用演讲技巧必须适度，毕竟它是为创业项目做辅助的，如使用过度，效果反而不好。

课堂活动 5–1

请你当评委

1. 根据全班同学总人数确定分组数，每组以 4～6 人为宜。教师根据学生人数打印创业计划书（二维码资源 5–6），分发给每个小组，做到人手一份。

2. 同一小组的同学围坐在一起，各小组分别根据"挑战杯"中国大学生创业计划竞赛书面评审标准（二维码资源 5–5）对创业计划书中的某 1～2 个部分进行评审，找出其优缺点，并针对存在的问题提出修改意见。

3. 各小组分别派一名代表向全班介绍本组的评审结果和修改意见。

4. 教师对本次课堂活动进行全面总结，并逐一分析、评价每个小组的评审结果，全面分析该创业计划书的优缺点，提出有针对性的修改意见。

5. 根据每位同学的参与程度和表现，采取小组互评和教师评价相结合的方式，确定每位同学的得分，作为课程考核评价的依据之一。

● 5–5

文本："挑战杯"中国大学生创业计划竞赛书面评审标准

● 5–6

文本：全国"挑战杯"获奖创业计划书

5

单元二 设计商业模式

 问题导学

1. 自主创业为什么一定要构建自己的商业模式？
2. 商业模式是否就是盈利模式？
3. 如何用商业模式画布来描述商业模式？

案例导入

优酷网的商业模式

优酷网是知名的视频浏览、上传、分享网站，提供优质的产品服务和用户体验，以"快速播放、快速发布、快速搜索"为产品核心理念。其商业模式的核心如下。

第一，微视频 C2C 服务平台。优酷网是首个为微视频免费提供无限量上传与储备空间的 C2C 服务网站，用户无论专业与业余都能"登台表演"；兼顾技术搜索功能与人气推荐手段，能最大限度地发挥 C2C 内容聚合与推荐的力量。

第二，注重用户体验。优酷网将过半的资金投入在服务器、带宽、国内精尖技术、人员储备等软硬件配备上，以保障用户有流畅的视频观看和发布体验。

第三，"快字为王"。一是快速播放，播放速度做到全国最快。二是快速发布，在热点事件的发布上要尽可能快。三是快速搜索，用户通过搜索引擎可以快速地在网站内找到所需内容或索引。

从当前行业实际情况来看，优酷网在用户数量和质量、视频发布和播放的上下行速度，以及视频社区的综合竞争力方面，都位于视频网站行业前列。优酷网坚持"以用户为中心"，设计并开发了人性化的频道垂直细分、推荐排名、个人发起擂台、俱乐部、专辑、点播单等特色功能，吸引了大批崇尚自由创意、喜欢欣赏与分享视频的网民。

优酷网产品服务以"快字为王"为产品理念，突出发展"快速播放、快速发布、快速搜索"的产品特性。在追求产品差异化优势的过程中，"速度"成为优酷网最为关键的制胜因素。

当今时代，企业之间的竞争不单是产品和服务的竞争，更是商业模式的竞争。商业模式也叫经营模式，其实质就是企业创造价值的核心内在逻辑，它反映企业如何创造价值、传递价值和获取价值。好的商业模式能够帮助新创企业快速、健康地成长,从而提高创业的成功率。因此,商业模式创新受到了越来越多创业者的重视。

一、商业模式概述

(一)成功商业模式的特征

近几年来,商业模式创新风起云涌,如农村电商、共享经济、免费模式。只要有商业的地方,就有商业模式存在。所谓商业模式,简而言之,就是企业创造利润的逻辑或赚钱的方式,或者说企业通过什么途径或方式来赚钱。商业模式的核心是企业价值。

通常,一个商业模式至少要满足两个必要条件:① 包含多个组成要素,并且形成一个整体;② 各组成要素之间存在着某种内在联系,它们之间互相支持,共同作用,形成一个良性循环。

任何商业模式都是由客户价值、企业资源和能力、盈利方式构成的三维立体模式。一个成功的商业模式应该具备以下特征。

1.提供独特价值

所谓独特价值可能是新思想、新创意,也可能是产品和服务的独特组合。通过这种新思想、新创意、产品和服务的独特组合,企业要么可以向客户提供额外的价值,要么可以让客户用更低的价格获得同样的利益,或者用同样的价格获得更多的利益。

2.难以模仿

创业者通过自己的独特的产品、服务或运作模式提高行业的准入门槛,从而保证自己的利润来源不受影响。

3.持续盈利

新创企业通过某种商业模式来获利并不难做到,但要实现年复一年、日复一日地持续盈利并不容易。一个商业模式是否成功,就要看该模式是否具有持久的盈利能力。

4.客户价值最大化

通常,一个商业模式能否持续盈利,与该模式能否使客户价值最大化有必然联系。一个不能很好地满足客户价值的商业模式,即使盈利也是暂时和偶然的,不会具有持续盈利的能力;相反,一个能使客户价值最大化的商业模式,即使暂时不盈利,终究也会走向盈利并且具有可持续性。因此,创业者务必将对客户价值最大化的实现当作自己追求的目标。

5.合理的资源整合

资源整合就是要优化资源配置,做到有进有退、有取有舍,在整体上实现最优。在战略层面上,资源整合是通过系统化的思维方式和组织协调,将企业内部彼此相关但又分离的各种职能,以及企业外部既肩负共同的使命又拥有独立经济利益的合作伙伴整合成一个为客户服务的系统,实现"1+1>2"的效果。在战术层面上,资源整合是优化配置的决策,根据企业的发展战略和市场需求对有关资源进行有效配置,可以凸显企业的核心竞争力,寻找资源配置与客户需求的最佳结合点,增强企业的竞争优势,提升为客户服务的水平。

5

6. 有效的风险把控

在经营过程中，对无论是系统外的（如政策、法律和行业变化），还是系统内的（如产品变化、人员变更、资金周转不灵）各种风险，好的商业模式往往都能够有效抵御和规避。

拓展阅读 5-3

　　商业模式是一个逻辑系统，其逻辑性主要表现在层层递进的三个层面上，即价值发现、价值匹配和价值获取。价值发现明确价值创造的来源，这是对机会识别的延伸。价值匹配是明确合作伙伴，实现价值创造。为了获得先发优势并最大限度地控制创业机会开发的风险，几乎所有的新创企业都要与其他企业形成合作关系。价值获取是制定竞争策略，占有创新价值。总体而言，价值发现、价值匹配、价值获取是有效商业模式的三个逻辑性原则，初创企业只有认真遵循这一原则，才能真正开发出同时为客户、企业及合作伙伴创造经济价值的商业模式。

　　商业模式是创业者开发有效创意的重要环节，是新创企业盈利的核心逻辑。许多创业企业的成功并不是因为技术创新性强，而是因为开发出了切实可行的商业模式。

　　商业模式是企业的立业之本。创业者在创业初期最需要费工夫琢磨和研究的就是商业模式。好的商业模式能助力企业发展，使初创企业很快就能发展壮大。同时，商业模式也并不是一成不变的，要随着市场环境、产业发展需要、竞争形势的变化不断调整创新。选择、设计一个好的商业模式，往往能事半功倍。

● 5-7

微课：商业
模式的构建

5

（二）商业模式的关键要素

人们往往把"盈利模式"和"商业模式"两个概念混为一谈。事实上，盈利模式只是商业模式的一部分。商业模式是创业者通过自身相关资源的整合，所形成的一种实现价值创造、价值获取、利益分配的组织机制及商业架构。商业模式由九个密切相关的要素构成，这九个要素相互作用才能创造价值。

1. 客户细分

任何一家企业都会服务于一个或多个客户群体，客户细分是商业模式的核心。在设计商业模式的过程中，客户细分是企业首先考虑的要素。客户细分就是企业打算去接触和服务的、有着明显特征的客户群。在设计商业模式时，创业者要始终牢记"我们正在为谁创造价值"及"谁是我们最重要的客户"。客户细分群体存在不同的类型,例如大众市场的价值主张、渠道通路和客户关系全都聚焦于一个大范围的客户群体,这个群体具有大致相同的需求;而小众市场的价值主张、渠道通路和客户关系都是针对特定需求而定制的,企业要通过专业化经营来占领该市场。

每家企业都需要谨慎地去选择服务于哪些客户群体,以及忽略哪些客户群体。创业者要根据对这些群体个性化需求的深度理解去设计商业模式。

2. 价值主张

凡是成功的创业者都能够找到一种替客户创造价值的方法。价值主张实际上就是创业者为满足特定客户的某种需要而提供的产品(或服务)。价值主张可以是创新性的或革命性的产品(或服务),也可以是与既有的产品(或服务)相似,但增添了新的特点和属性的产品(或服务)。

价值主张是决定客户选择某家企业的产品(或服务)而放弃其他企业的产品(或服务)的关键所在。客户价值主张可以通过新颖设计、品牌性能、价格优势、成本削减、便利性等来实现。创业者要通过其价值主张去迎合特定客户群的某种需求,并借此创造价值和实现价值。

3. 渠道通路

渠道通路是企业将产品(或服务)推介或转移给终端消费者时所历经的各种途径。企业该如何同它的客户群体达成沟通并建立联系,以向细分客户提供价值主张呢? 一般而言,畅通而有效的渠道通路可以帮助企业向客户传递价值主张,提升企业产品(或服务)的认知度,使客户更加了解企业的产品(或服务)。

4. 客户关系

客户关系是新创企业针对某一客户群体所建立的各种联系。企业的客户关系具有多样性,这种关系可以是简单的通信关系、交易关系,也可以是进一步的优先关注关系,甚至是合作关系或战略联盟关系。客户关系范畴包括靠人员维护的客户关系,自动化设备与客户间的交互关系,还有开发新的客户、留住原有客户以增加销售量或单价等动机驱动客户关系。由商业模式决定的客户关系将对整体的客户体验产生深刻的影响。

5. 核心资源

核心资源是企业维持其商业模式运转所必需的关键资源。这种资源使得企业得以创造并提供价值主张,获得市场,保持与某个客户群体的客户关系并获得收益。企业的核心资源是相对企业的基础资源而言的。企业的基础资源一般由土地、厂房、机器设备等有形资源构成,它们是企业发展的基础,是企业创造价值的必备资源。企业的基础资源虽然十分重要,但是它们是通过核心资源发挥作用的。企业的核心资源一般由人员、品牌、知识产权等无形资源构成,它们决定着企业的竞争能力和持续创造价值的能力。对企业来说,商业模式的维持靠基础资源的支撑,而商业模式的成功则靠核心资源的贡献。

6. 关键业务

关键业务是指企业为确保其商业模式成功而必须从事的重要业务活动。任何商业

5

模式的实施都需要多种关键业务活动的支撑。这些关键业务活动是企业提供价值主张、接触市场、建立客户关系及获取收入的重要基础。不同的企业在实施不同的商业模式时，其关键业务活动也是各不相同的。如对于信息技术公司而言，软件开发就是它的关键业务；对于咨询公司而言，提供解决方案就是它的关键业务。

7. 收入来源

收入来源用来描绘创业者从每个客户群体处获取现金收入的渠道。如果说客户是商业模式的心脏，那么收入来源就是动脉。每个创业者都需要自问：客户群体真正愿意为之买单的究竟是什么？成功回答这一问题可以使得企业在每一个客户群体处都获得两类收入：一是通过客户一次性支付获得的交易收入，二是针对产品（或服务）、售后维修或支持等项目的连续性收费。商业模式中收入来源的定价机制主要有固定标价、拍卖定价、谈判议价、市场定价、数量定价、管理定价等多种，获取收入的方式主要有一次性出售费、租赁费、使用费、订购费、注册费、广告费、经纪费、授权费等。

8. 重要伙伴

重要伙伴是指新创企业商业模式有效运作所需的供应商及合作伙伴，是保证商业模式有效运行的人际关系。企业要去构建重要的合作关系，这种合作关系在许多商业模式中发挥着基础性的作用。企业可以通过建立合作联盟来优化自身的商业模式、降低风险并获得资源。

通常，重要合作伙伴可分为以下四种不同的类型：① 非竞争者之间的战略联盟；② 建立战略合作关系的竞争者；③ 为新业务建立的合资公司；④ 为保证可靠的供应而建立关系的供应商和采购商。

9. 成本结构

成本结构是指新创企业在运作商业模式过程中对其所投入成本的全盘描述。

创造和传递价值、维护客户关系及创造收益都会产生成本。在确定了核心资源、关键业务及重要伙伴的情况下，成本核算就会变得相对容易。

上述九个要素是企业商业模式应该具备的构成要素。价值主张和核心资源分别明确了客户的价值和公司的价值；关键业务则描述了如何交付客户的价值和公司的价值。各要素之间存在着复杂且相互依存的关系。其中任何一个要素发生大的变化，都会对其他要素和商业模式整体产生影响。成功的企业都会设计一个比较稳定的系统，将这些要素以互为补充的方式联系在一起。

> **拓展阅读 5-4**
>
> 商业模式画布是一种用来描述商业模式、可视化商业模式、评估商业模式及改变商业模式的工具。
>
> 商业模式画布是会议和头脑风暴的工具，通常由一面大白板或一面墙来呈现。这块画布按照一定的顺序被分成九个方格，方格的内容包括：① 客户细分——你的目标用户群，一个或多个集合；② 价值主张——客户需要的产品（或服务），商业上的"痛点"；③ 渠道通路——你和客户如何产生联系，不管是你找到他们还是他

们找到你,比如实体店、网店、中介;④ 客户关系——客户接触到你的产品(或服务)后,你们之间应建立怎样的关系;⑤ 核心资源——为了提供并销售这些价值,你必须拥有的资源,如资金、技术、人才;⑥ 关键业务——商业运作中必须从事的具体业务;⑦ 收入来源——你将怎样从你提供的价值中取得收益;⑧ 重要伙伴——哪些人或机构可以给予你战略支持;⑨ 成本结构——你需要在哪些项目上付出成本。商业模式画布如图 5-1 所示。

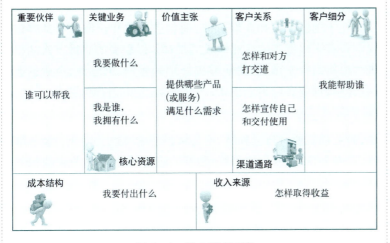

图 5-1 商业模式画布

5-8

表格:商业
画布案例

5

商业模式画布的优点在于能让讨论商业模式的会议变得高效率、可执行,同时产生不止一个方案,为决策者提供多种可能性。

二、商业模式的构建

商业模式的构建也叫商业模式设计,是创业者在认识商业模式本质的基础上,对商业模式的结构要素进行综合设计,形成商业模式结构的过程。其设计思路通常包括以下几个方面。

(一) 填补市场需求

对于新创企业来说,其价值主张需要通过市场与客户呈现出来。因此,设计商业模式首先要考虑的便是市场中各种不同客户的需求。新创企业通常采取市场区隔分析的方法来明确客户的需求,进而找到自身产品(或服务)在市场中的定位。一般来说,大众市场的细分程度较高,基本上为现有企业以各种各样的类似产品(或服务)所占有,一种创新产品(或服务)想要立即占领大众市场,在新企业的创立之初几乎是不可能的。因此,创业者在设计商业模式时,必须深入运用市场区隔分析法,挖掘尚未被满足的市场需求,并以差异化产品(或服务)来填补这类市场需求。

(二)创造价值

通常来说,创造价值有两层含义:一是创业者的创意能够满足客户的某种基本需求,帮助客户解决问题,从而为客户创造价值;二是为客户创造价值的过程可以给企业带来收益。因此,创业者在设计商业模式时,必须深入思考:如何满足客户的某种基本需求?可以帮助客户解决什么问题,为客户创造何种价值?在为客户创造价值的过程中,如何为企业带来收益?

(三)具有突出的创意

商业模式设计的目的在于创造价值和获取价值,而创造价值和获取价值都要依靠商业模式的创意来实现。具有突出创意的商业模式通常都是以崭新的思维方式从根本上对商业模式各要素进行重新组合安排,以便能够更好地为客户、供应商、企业创造价值。因此,在商业模式设计中,创业者应勇于创新,大胆创新,突出创意构思。

(四)确保短期内难以被模仿

对于新创企业来说,商业模式要有自己独特、不易被模仿的特性。创业者要能够实施自我保护,至少要保证在专利技术、差异化品牌、独特的营销网络、商业机密或领先优势中占有 1 至 2 项。

(五)明晰企业的利润结构

创业者的商业模式应该将成本、收入结构及利润目标清晰地表达出来,并且让股东明晰投资回报的方式。为实现利润目标,商业模式中有关利润结构设计的内容必须包括定价方式、收费方式、销售方式、收入来源占比、价值链中各项活动的成本与利润配置方式等。

拓展阅读 5-5

商业模式的设计需要回答和解决的问题如表 5-1 所示。

表 5-1 商业模式设计需要回答和解决的问题

序号	关键要素	需要回答和解决的问题
1	客户细分	(1)为谁创造价值? (2)谁是最重要的客户?
2	价值主张	(1)向客户传递什么样的价值? (2)帮助客户解决哪一类难题? (3)满足哪些客户的需求? (4)提供给客户细分群体哪些的产品(或服务)?

（续表）

序号	关键要素	需要回答和解决的问题
3	渠道通路	(1) 接触目标客户的渠道有哪些？ (2) 如何接触目标客户？渠道如何整合？ (3) 哪些渠道最有效？哪些渠道成本效益最好？ (4) 如何对我们的渠道与客户的购买习惯进行整合？
4	客户关系	(1) 与客户细分群体的关系如何？ (2) 客户细分群体希望企业与其建立和保持何种关系？ (3) 哪些关系已经建立了？成本如何？ (4) 与商业模式的其他部分如何整合？
5	核心资源	(1) 价值主张需要什么样的核心资源？ (2) 渠道通路需要什么样的核心资源？ (3) 我们的客户关系如何？收入来源如何？
6	关键业务	(1) 价值主张需要什么样的关键业务？ (2) 渠道通路需要什么样的关键业务？
7	收入来源	(1) 什么样的价值能让客户愿意付费？ (2) 客户付费买什么？ (3) 客户是如何支付费用的？ (4) 客户更愿意如何支付费用？ (5) 每个收入来源占总收入的比例是多少？
8	重要伙伴	(1) 谁是重要伙伴？ (2) 谁是重要供应商？ (3) 从伙伴那里可以获得哪些核心资源？ (4) 合作伙伴都执行哪些关键业务？
9	成本结构	(1) 商业模式中最重要的固有成本是什么？ (2) 花费最多的核心资源是什么？ (3) 花费最多的关键业务是什么？

三、商业模式创新

好的商业模式并不是一蹴而就的，在实践中也不可能一成不变。一方面，商业模式需要在实践中不断修正，从而变得日益完善；另一方面，即使十分成熟的商业模式也会随着产业环境和竞争态势的改变而显得不再完善，需要进行商业模式创新。

拓展阅读 5-6

2022 年中央一号文件进一步明确实施"数商兴农"工程,这是发展农村电商的新举措,也是农村电商发展的新方向,对农村电商及县域经济发挥积极作用。"数商兴农"背景下,打通"农产品上行"通道成为实施乡村振兴战略的重要抓手。随着直播电商等新型电商模式的兴起,以"互联网+"农产品出村进城工程为总抓手,更新村电子商务的模式和业态,加强农村电商主体培育等举措,有助于提升电子商务赋能农产品上行的效率,为农产品上行提供新途径。

直播电商作为一种"零售新业态",正在与产业结构转型、乡村振兴等各行各业进行深度融合,逐渐演化成一种结构性力量,成为农产品网络流通的新路径。直播电商是借助互联网平台,特别是社交平台发展起来的一种新型商业模式,它融合了电商与直播的形式,可以更好地实现产品展示与推广,本质上是技术驱动商品展示及体验创新。这种新业态改变了传统线下商业只提供消费结果而忽略消费过程的价值供给,让消费者体验"所见即所得"的真实感,给消费者提供更多的商品细节、更生动的商品展示方式及实时沟通便利,为地理位置偏远但独具特色的产品开辟新渠道。同时这种新型电商模式降低了小农业生产者成为商家的门槛,让生产者在没有规模化优势的背景下也有机会接触更多的消费者。目前在直播带货的风口下,很多小农户开始利用网络直播形式进行农产品销售,在拓宽农产品上行渠道的同时打造出了新的消费场景。

(一)商业模式创新的焦点

商业模式创新是指挑战传统思维,设计出原创模型,以满足那些未被满足的、新的或者隐藏的客户需求。商业模式创新的创意可以来自任何地方,商业模式的九个要素都可以是创新的起点。商业模式创新的创意是不拘一格、千变万化的。商业模式九个要素中任何一个的创新都会同时影响到其他多个要素。一般认为,按照创新的焦点来分类,商业模式创新大致有以下五种类型。

1. 资源驱动型

资源驱动型的商业模式创新来源于组织现有的基础设施或合作伙伴资源。企业由此出发来延伸或改变商业模式。如亚马逊公司基于它的网上零售平台推出了亚马逊云计算服务,为其他企业提供服务器资源和数据存储空间。

2. 供给驱动型

供给驱动型的商业模式创新会创造全新的价值主张,并由此影响商业模式的其他要素。如水泥生产商西麦斯公司承诺能在 4 个小时内将混合好的水泥送到工地,而当时的业界标准是 48 个小时。这就要求西麦斯公司相应地改变它的商业模式。这项创新帮助该公司从墨西哥的一个区域生产商发展成全球前三的水泥生产商。

3. 客户驱动型

客户驱动的商业模式创新基于客户需求,可以提升客户的可获得性或者便利性。和其他类型的创新一样,这种创新也会影响到商业模块的各个模板。如 23 and Me 公司首创为个人客户提供 DNA 测试服务。这项服务在此之前仅对医疗工作者和研究人员开放。这对价值主张和试验结果的通知方式都产生了重大的影响。23 and Me 公司通过大规模定制化的网络档案解决了结果通知的问题。

4. 财务驱动型

财务驱动型的商业模式创新通常是指由新的收益来源、定价机制或者被缩减的成本结构所驱动的创新,它同样也会对商业模式的其他要素产生影响。如 1958 年施乐发明施乐 914 型复印机(第一代普通纸复印机)的时候,它的价格太高,以至于市场无法接受。于是该公司开发了一种新的商业模式:以每月 95 美元的租金将复印机租给客户,租金中包含免费的 2 000 次复印,超过的部分按 5 美元每张来结算。这样,客户开始接受这种新型复印机,每个月复印数以千计的文件。

5. 多点驱动型

多点驱动型商业模式创新是指由多个焦点同时驱动的创新方式。如喜利得是一家全球化的专业建筑工具生产商。它抛弃了直接出售工具的方式,转而向客户出租这些工具。这不仅彻底地改变了该公司的价值主张,还改变了它的收益来源,使过去的一次性销售收入转变为可重复的服务收入。

(二) 商业模式创新的方法

为了获取更大的价值,商业模式的创新通常是一项系统工程,并不局限于对某一环节、某一关键因素进行调整。商业模式创新贯穿于企业经营的整个过程,贯穿于资源开发、研发、制造、营销、流通等各个环节,是挖掘企业潜力的重要途径。商业模式创新的方法主要有以下几种。

1. 改变分销渠道

如果创业者能够通过创新,改变营销方式、方法和策略,那么即使是向目标客户提供已有的产品或服务,也能给企业带来更持久的盈利能力与更大的竞争优势。

分销渠道的改变难以被竞争者模仿,这常常给新创企业带来较大的竞争优势,而且这种优势通常可以持续一段时间。

2. 改变企业模式

改变企业模式就是改变企业在产业链中的位置及充当的角色,也就是说,改变其在产业价值链中"制造"和"购买"的角色,比如,产品(或服务)中的某一部分由自身制造,其余部分向合作者购买。一般来说,企业模式的变化通过内外资源整合或出售、外包的方式实现。

3. 改变收入模式

改变收入模式就是改变企业的客户价值定义和相应的收入模式。这需要创业者从确定客户的新需求、解决客户的新问题入手。这并非市场营销中的寻找用户新需求,而是从更宏观的层面重新定义用户需求。

通常,客户需要的不仅仅是产品,而是一个问题解决方案。一旦确认了该解决方案,也就确定了新的客户价值定义,进而通过商业模式创新,改变企业的收入模式。

5

4. 改变技术模式

技术革新同产品(或服务)的创新一样,都是商业模式创新的主要驱动力。创业者通过引进、研发新的技术,整合外部资源来引导企业的商业模式创新,为自己和合作伙伴创造新的价值,并通过对商业运营环节进行创新重组,形成新的产业链,利用新的科技手段、创意营销与资本的结合开发潜在的需求,创造新的需求实现模式,实现市场与科技对接、创意与经济对接。

5. 改变产业模式

改变产业模式是最激进的一种商业模式创新,它通常是指创业者创新行业、产业,进入或创造一个新产业。它需要重新整合资源,进入新领域并创造新产业,如商业运营外包服务和综合商业变革服务。

当然,无论采取何种方式,商业模式创新都需要企业对自身的经营方式、用户需求、产业特征及宏观技术环境具有深入的了解和洞察。这是成功进行商业模式创新的前提条件。

● 5-9

微课:你应该
知道的两种
商业模式

🏆 案例故事 5-1

"便捷"还是"诱惑"?

一家服装店的老板印制了很多代金券,到处免费发放,结果发现转化率出奇地低,来的人寥寥无几。他怎么也想不明白,为什么自己请了一个团队专门发传单,效果却不佳。有人告诉他:轻易得到的,人们就不会珍惜。于是,他想了一个办法:不再送这些代金券了,而是把它们卖出去。怎么卖呢?他找到小区里的便利超市、美容会所、美发店,告诉他们的店员,优惠券让他们来卖,所得的钱全部归他们所有。结果他发现,卖优惠券的形式让人们来店里的概率大大增加。也许人们只是花5元买了一张100元的代金券,但这5元钱会促使他们来店里消费。

想让客户记住你?你可以变着法子让客户为你轻松地付出一些。客户会惦记着自己的付出,从而惦记着你!这是"便捷"还是"诱惑"?艺术地利用它吧!

课堂活动 5-2

课 堂 讨 论

一个餐馆老板说:每个人都需要吃饭,因此,每个人都是我的客户。一个修车行的老板说:"我的客户是所有私家车主。"对此,你有何看法?

思考与练习

（一）回顾总结

1. 通过本专题的学习，我懂得了：＿＿＿＿＿＿＿＿＿＿＿＿＿

＿＿＿＿＿＿＿＿＿＿＿＿＿＿＿＿＿＿＿＿＿＿＿＿＿＿＿＿

＿＿＿＿＿＿＿＿＿＿＿＿＿＿＿＿＿＿＿＿＿＿＿＿＿＿＿＿。

2. 通过本专题的学习，我掌握了：＿＿＿＿＿＿＿＿＿＿＿＿＿

＿＿＿＿＿＿＿＿＿＿＿＿＿＿＿＿＿＿＿＿＿＿＿＿＿＿＿＿

＿＿＿＿＿＿＿＿＿＿＿＿＿＿＿＿＿＿＿＿＿＿＿＿＿＿＿＿。

（二）案例分析

小章大学毕业后在某城市的闹市区开了一家蛋糕店，这里人流量很大。他设计的蛋糕卖点是高端定制，为此特别从国外高薪聘请了一位厨师，店铺装修也很上档次。但是客户并不买账。小章发现，客户来购买蛋糕时都是挑便宜的，生意的好坏与外国大厨在不在也没有关系。

小章的蛋糕店的商业模式存在什么问题？他需要做哪些调整？

（三）课后实践

走访调研你身边的三位创业成功人士，了解其商业模式的基本情况，形成调研报告。

5

专题六
创业团队

引导语

　　对于创业而言,团队的重要性不言而喻,然而很多创业者并没有认识到这一点,有些创业者认为只要项目好、壁垒高、市场容量足够大、有人愿意投资就可以创业成功。事实并非如此,再好的项目,最终也要有人来运作。

　　没有完美的个人,只有完美的团队。对创业者来说,在整个创业过程中,不仅需要构建一个与自己步调一致的团队,而且需要将其建设成一个优质高效的创业团队,只有这样,才能为创业成功打下坚实的基础。

　　通过本专题的学习,同学们可以了解创业团队的基本概念、构成要素和特征,充分认识团队合作的重要性,明白什么样的人才是你所需要的创业合作伙伴,如何在创业路上与团队成员一道解决意见分歧,防止利益冲突,化解创业风险,共达成功的彼岸。

 学习目标

1. 了解创业团队的基本概念、构成要素和特征。
2. 掌握创业团队的组建和管理方法。
3. 激发团队合作意识,培养团队合作能力。

建立创业团队

 问题导学

1. 团队创业一定比个人创业好吗？
2. 只要亲朋好友要求，就应让其进入团队一起创业吗？
3. 衡量创业团队成员是否合适的标准是什么？

案例导入

"智慧农业先锋"的团队建设

"智慧农业先锋"是一个由五名大学生组成的创业团队，他们有着不同的专业背景，如农业工程、信息技术、市场营销。团队成员在大学期间共同参与了一个关于智慧农业的项目，发现传统农业在信息化、智能化方面存在巨大的提升空间。因此，他们决定成立"智慧农业先锋"团队，致力于将先进的科技应用于农业领域，提高农业生产效率和资源利用率。团队成员根据各自的专业特长进行了角色分工。其中，农业工程背景的成员负责技术研发和设备改良，信息技术专业的成员负责数据分析和软件开发，市场营销专业的成员负责市场推广和品牌建设。此外，团队还有一名项目经理负责统筹协调各项任务。

面对技术和市场等方面的挑战，团队成员展现出了强烈的创新意识和解决问题的能力。他们通过深入研究市场需求和技术趋势，不断调整和优化产品方案。同时，团队成员还积极寻求外部资源和技术支持，以提高团队的创新能力。

经过一年多的努力，"智慧农业先锋"团队取得了显著的成果。他们的产品已经在多个地区进行了试点应用，得到了农民和农业企业的高度评价。同时，团队还获得了多个创业大赛的奖项和资金支持。这些成果不仅证明了团队的技术实力和市场价值，而且提高了团队在智慧农业领域的影响力。

"智慧农业先锋"团队的案例表明，团队在创业中至关重要。

团队可以集合不同专业的人才，形成强大合力，有效应对技术与市场挑战。同时，团队可以促进成员合作，提高工作效率，培养创新意识。团队还能整合各类资源，为项目成功提供保障，增强项目的竞争力与影响力。因此，大学生创业成功的关键在于组建优秀团队。

一、创业团队概述

创业的确可以由一个人来完成,没有团队的创业不一定会失败。但一般来说,创业

是一件比较复杂的事情,团队创业是创业的主要形式,尤其是信息社会背景下的创业,需要多种多样的资源和机会,需要处理各种各样的问题,一个人的力量往往是不够的。团队创业比个人创业在智力、能力、资源、专业结构上都更具备优势,创业成功的可能性更大。在创业史上,通过组建创业团队而获得创业成功的案例远远多过单枪匹马创业成功的案例。

与个体创业相比,团队创业的优势在于:机会识别能力、机会开发能力、机会利用能力更强;集体智慧、群策群力,能更好地解决企业发展中所面临的各种难题,降低新创企业失败的风险。

(一) 构成要素

在创业过程中,创业团队是由两个或两个以上才能互补、共担风险、共享收益,愿为共同创业目标奋斗的人组成的工作团队。创业团队组建是整个创业过程中最重要的一环,好的创业团队对于新创企业的成功有着十分重要的作用。

通常来说,任何创业团队都包含人员(people)、目标(purpose)、定位(position)、职权(power)和计划(plan)这五个要素,简称"5P",各要素之间相互影响、相互作用,缺一不可。明确、精准地了解这几个要素,可以加强团队的凝聚力和抗风险能力。

1. 人员

人是构成创业团队最核心的要素。人力资源是创业团队所有创业资源中最活跃、最重要的资源,团队目标是通过其成员来具体实现的。因此,人员的选择是创业团队组建中非常重要的部分。在一个团队中可能需要有人出主意、有人订计划、有人实施、有人组织协调,还需要有人监督团队工作的进展、评价团队最终的贡献,不同的人通过分工来共同完成团队的目标,因此在人员选择方面要考虑到人员的知识、能力和经验是否互补。创业者寻求团队合作,其目的就在于弥补创业目标与自身能力间的差距。只有当团队成员在知识、技能、经验等方面实现互补时,才有可能通过协作发挥出"1+1>2"的协同效应。建立优势互补的创业团队是保持创业团队稳定性的关键,也是规避和降低创业风险的有效手段。

通常,创建初期,创业团队人数不宜过多,能满足基本的需求即可。

2. 目标

创业团队的目标就是通过实施创业计划要达到的预期目的和结果,从本质上来说,创业团队的根本目标就是创造新价值。对于创业团队来说,目标永远是对团队成员最好的激励。当然目标必须是合理的、切实可行。团队目标越清晰、越吸引人,就越具

有激励作用,越能唤起团队成员的积极性。团队目标设定必须遵循 SMART 原则,即团队目标必须是具体的(specific)、可以衡量的(measurable)、可以达到的(attainable)、与其他目标相关的(relevant)、有明确的截止期限的(time-bound),五个方面缺一不可。

3.定位

定位包含两层意思。一是创业团队的定位,包括创业团队在企业中处于什么位置,由谁担任主要负责人决定团队成员人选,创业团队最终对谁负责等。二是成员定位,包括各成员在创业团队中具体扮演哪个角色,是负责计划、管理,还是主管技术、生产、市场;是个人管理、大家共同参与管理,还是共同聘请第三方(职业经理人)管理。

4.职权

创业工作的范围涵盖公关、管理、生产、销售、财务、人力资源开发等各个领域,所处理的事情和问题将影响新创企业现在的状况和未来的成败。职权就是根据执行创业计划的需要具体确定的团队领导人、团队成员所要担负的职责及所享有的相应权限。通常,团队领导人权限的大小与创业团队的发展阶段相关。一般来说,在创业团队发展的初期,领导权限相对比较集中;团队越成熟,领导者拥有的权限越小。整个团队在企业中应拥有财务决定权、人事决定权等。要通过职权划分,弄清创业团队所需的人员,建立岗位责任制,让所有成员知道自己必须做什么,以及完成任务所需的技能,新创企业管理起来就会容易得多。

创业过程面临的环境是动态而复杂的,会不断出现新的问题,团队成员可能不断更换,因此,创业团队成员的职权也应根据需要不断进行调整。

5.计划

计划指创业团队一系列的行动方案,是对目标达成做出的安排,切实可行的计划有利于创业目标的达成。创业计划通常包括创业团队的规模、领导职位设立的方式、领导的权限和职责、创业团队各成员的权限和职责、各成员投入团队工作的时间等。

 案例故事 6-1

6

做深海里的"耳朵"

江苏海洋大学"饵"听为"食"团队倾注多年心血研制的成果——深海网箱养殖饲料声学精准监测系统是一个拥有大量水产养殖所需数据的软件,让渔民坐在家中就可以实现全自动化精准投饲。

2019年,该团队在水产养殖合作社进行暑期社会实践的过程中,听到当地渔民抱怨:"往网箱里投饲料时很难把控数量,投少了鱼儿吃不饱,投多了污染水质,鱼儿又容易得病。"当时,我国市场多采用水下光学设备对投饲量进行监测,但运用于深海中时,光线暗、海水浊、海浪大等问题,让光学设备无法精准"定量定位"地监测投饲量。针对水下光学设备看不清鱼的问题,指导老师提出,可不可以让声呐成为深海里的"耳朵","听清"鱼的需求?

2021 年 7 月，该团队成员用布料、胶带简单地将声呐设备固定在架子上，这是声呐扫描系统最初的模样。十几次多种环境下的试验后，团队确定声呐探测更能"听清"鱼的需求。为了探讨声呐安装方式，使用更加精良的设备，该团队前往广东桂山岛，收集了大量的数据进行研究。

2022 年 3 月，深海网箱养殖饲料声学精准监控系统开发完成。旋转式声呐扫描系统装在六米高的网箱底部，在无光的浑水中全方位监测渗透饲料，只需 0.015 秒便能实现对饲料 85% 的识别。这样一来，系统便能迅速将检测结果以信号的形式反馈给智能投饲机。当渗漏饲料量过少，投饲机便会自动加大投饲量，反之则减少投饲量。渔民只需坐在家中，在手机端便可以随时查看自己的鱼有没有吃饱，整套设备对饲料的识别率提高了 10% 以上。

该产品填补了市场领域的空白。这个由 13 名来自测绘、海洋、财务等多个专业的优秀学生组成的团队合作研究至今，已拥有发明专利四项、实用新型专利一项。

（二）创业团队的类型及特征

创业团队通常包括核心主导创业团队和群体性创业团队两种。前者是先有创业点子再组建创业团队，后者则先组建团队再确定创业方向。根据创业团队人员关系的不同，一般将创业团队分为星状创业团队、网状创业团队和由网状创业团队演化来的虚拟星状创业团队三类。

1. 星状创业团队及其特征

星状创业团队通常有一个核心人物，充当领军角色。核心人物根据自己的创业想法组建创业团队，其他团队成员则主要扮演支持者角色。

星状创业团队的特点是：① 组织结构紧密，向心力强，核心人物在组织中的行为对其他成员影响巨大；② 决策程序相对简单，组织效率较高；③ 容易形成权力过分集中的局面，从而使决策失误的风险加大；④ 当其他团队成员和核心人物发生冲突时，因为核心人物的特殊权威，其他团队成员往往处于被动地位，在冲突较严重时，一般都会选择离开团队，对组织的影响较大。

2. 网状创业团队及其特征

网状创业团队的成员在创业之前一般都有同学关系、朋友关系等密切关系。

网状创业团队特点是：① 团队没有明显的核心，团队成员在团队中的地位相似，整体结构较为松散，容易形成多头领导的局面；② 成员的地位相对平等，有利于沟通和交流，组织决策一般采取集体决策的方式，通过沟通和讨论达成一致意见，因此决策效率较低；③ 团队成员之间发生冲突时，一般能积极协商解决，团队成员不会轻易离开，而一旦冲突升级，某些团队成员撤出，团队解散的可能性较大。

3. 虚拟星状创业团队及其特征

虚拟星状创业团队由网状创业团队演化而来，基本上是前两种的中间形态。在虚拟星状创业团队中，通常有一个核心成员，但该核心成员地位的确立是团队成员协商的结果，因此核心人物从某种意义上说是整个团队的代言人，而不是主导型人物，其在创业团队中的行为必须充分考虑其他团队成员的意见，不如星状创业团队中的核心人物那样有权威。

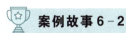

案例故事6-2

刘邦的神奇"创业团队"

在明太祖朱元璋之前，中国历代皇帝里最神奇的"创业奇迹"，就是汉高祖刘邦的草根"创业团队"创造的。

据《史记》统计，汉初刘邦册封的功臣里，八成以上出身于社会底层。刘邦的"底层朋友"，更是个个封侯拜将。如此奇景，让不少后人啧啧称奇，说刘邦就是命好，身边一群"草根"，个个有本领，他不成功才怪。但事实并非如此。

这些秦朝"和平年代"里的"草根"，为何突然有了"治国平天下"的本事？

第一个原因是刘邦识人的能力强。

比如，公元前195年，汉高祖刘邦弥留之际，面对一团乱麻的身后事，他还能有条不紊地布置：萧何之后，曹参可以接替他为丞相；曹参之后，王陵也能胜任，但王陵"少戆"，必须有陈平辅佐；陈平够聪明，但难以独当一面；"重厚少文"的周勃最重要，因为"安刘氏者必勃也"。

比如，谋士陈平来投奔时，周勃、灌婴等都给陈平打了"差评"。刘邦却通过自己的判断，认定陈平是他需要的人才，不但大胆留用，更是放手让陈平办事。批给陈平"活动经费"后，刘邦也是"恣所为，不问其出入"，意思是让他大胆办事，用多少钱看着办，连账都不用报。

第二个原因是刘邦懂得团队成员真正想要的是什么。

比如，当各位功臣为封赏问题争论不休时，刘邦先封了自己最厌恶的雍齿，一下子就叫大家放心了。他的团队成员既包括樊哙、周勃等早年的"狐朋狗友"，又有韩信、陈平、郦食其等"外来人才"。但不管什么出身、什么阶层，在楚汉争霸的关键时刻，这些人都能在刘邦的高超手腕下形成合力——这合力胜过了很多英才。

第三个原因是整个团队的战略决策始终高对手一筹。

以惨烈的楚汉战争来说，刘邦在项羽骁勇的兵马前多次一败涂地，但其战略能力始终领先一筹：被项羽困在汉中蜀地时，以"暗度陈仓"的妙笔，快速拿下关中平原；楚汉中原碰撞时，整个团队更是依托关中平原根据地和强大的后勤保障，一面与项羽正面对峙，一面以迂回战略剪除项羽的羽翼，最终把曾经百战百胜的西楚霸王项羽逼死在乌江边上。

第四个原因是作为团队掌舵人，刘邦有着强大的纠错能力。

比如，刘邦第一次打进咸阳后，开始纵酒享乐，后来拿下彭城，又开始歌舞升平，被项羽突袭，差点连老本都赔光。但刘邦纠错的速度很快：他立刻放弃咸阳，屯兵霸上，防止项羽起疑；彭城惨败后，他又迅速建立荥阳防线，以最快的速度稳住了战线。最经典的当属"白登之围"。在此之前，刘邦不听谋士娄敬的苦劝，一怒之下冲进埋伏圈，差点把十万大军搭在白登山上，娄敬也被刘邦发配流放。而刘邦死里

6

逃生后，第一件事就是请回娄敬，赐他高官厚禄，命他放手谋划，换来了休养生息的宝贵时间。刘邦如此纠错，看似丢了面子，却让整个团队在险滩中一次次躲过暗礁。这强大的纠错能力也让他的诸多"底层朋友"被放在合适的位置上，继续发挥合力。

刘邦之所以能成就事业的辉煌，是因为他懂得高效纠错，能确立正确的战略方向，还有一个能形成合力的团队。

二、创业团队的组建

（一）组建原则

要想创业成功，选择团队成员至关重要。一般情况下，寻找团队成员组建创业团队，要坚持以下基本原则。

1. 目标一致原则

拥有共同的目标是团队区别于群体的重要特征。共同目标引导着创业团队的发展，是团队形成凝聚力和持续发展的基础。创业团队只有具有共同目标才会有凝聚力。团队成员若不认可团队目标，就不可能全心全意为实现目标而与其他团队成员相互配合、共同努力。没有一致的创业目标，创业团队即使组建起来，也无法有效发挥协同作用，缺乏战斗力。

2. 互信互补原则

互信互补是保持创业团队稳定性的关键，也是规避和降低团队组建风险的有效手段。创业团队成员的知识、能力结构越合理，创业成功的可能性越大。创业团队成员能力的总和决定了创业团队的整体能力和发展潜力。成员之间的相互信任是组建创业团队的基础和前提，是解决内部分歧、达成一致的唯一途径。创业者寻求团队合作，其目的就在于弥补创业目标与知识结构、自身能力、当前资源间的差距。纯粹的技术人员组成的团队容易形成"技术为王"的情况，从而使产品的研发与市场脱节；纯粹的市场和销售人员组成的创业团队则缺乏对技术的领悟力和敏感性，容易迷失方向。只有当团队成员相互信任，并且在知识、技能、经验、资源等方面互补时，才能充分发挥其组合潜能，强化彼此的合作，通过合作发挥出"1+1>2"的效应。

3. 精简高效原则

为了减少创业初期的运作成本，也为了让核心团队人员最大限度地分享成果，创业团队应在保证企业高效运作的前提下尽量精简。

4. 动态开放原则

创业过程中充满了不确定性，创业团队成员可能因为能力、价

6

🖂 **小贴士 6-1**

组建高效的创业团队是创业成功的前提和基础。创业失败 90% 以上都是因为团队成员配备出了问题。因此，打算创业的"未来老板"们需要用心组建和经营好自己的团队。

值观等问题选择离开,同时也可能有新人加入。因此,在组建创业团队时,应注意保持团队的动态性和开放性,使与岗位匹配者能进入创业团队;适时调整团队成员的角色分工,聚同化异,做到"人尽其才,才尽其用"。

(二) 组建流程

创业团队的组建是一个较为复杂的过程,不同创业项目所需创业团队成员不一样,组建创业团队的方法与流程也不尽相同。通常情况下,创业团队组建流程包括以下七个步骤(图 6 - 1)。

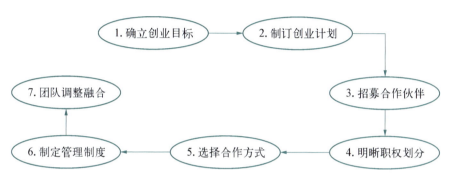

图 6 - 1　创业团队组建流程示意图

1. 确立创业目标

创业目标是以创业项目为基础,通过完成创业阶段的公关、技术、管理、生产、销售等各项工作,实现企业的从无到有、从起步到成熟。总目标确定后,再将总目标分解,设定若干可行的阶段性目标。创业者的个人目标与企业目标之间有不可分割的联系,故在确定企业目标之前,创业者必须对自己的个人目标一清二楚。创业者明确个人创业目标后,方可解决要建立什么样的企业、承担什么样的风险、自己能否承受相应的风险和牺牲等问题。

2. 制订创业计划

明确创业目标之后,紧接着就要研究如何实现这一目标,这就需要制订周密的创业计划。创业计划是在对创业目标进行具体分解的基础上,以团队为整体来考虑的,创业计划需要确定不同创业阶段的任务,通过逐步实现这些阶段性目标来实现创业目标。

3. 招募合作伙伴

招募合作伙伴是组建创业团队时最为关键的一步。团队成员最好是自己的同学、朋友等,也可以利用各种平台资源、人脉资源招贤纳士。有志向相投又优势互补的好友助阵,是比较理想的状态。

6

● 6-1

微课:像选择伴侣一样选择创业伙伴

拓展阅读 6-1

创业团队成员的招募流程如下。

（1）拟订招募方案。创业者应根据创业项目的需要制订方案，包括确定招募岗位、人数、方法及到岗时间等。

（2）确定合作条件。根据新创企业的要求，明确团队成员应具备的条件，制定具体要求，通常包括德、才、资三方面。德指品质，要求具有高尚的道德情操；才指才能，即具备能够胜任岗位工作的能力；资指资历，包括学历、经历、经验和工作业绩。

（3）选定对象。可以通过发布招聘广告、委托猎头寻找、亲朋好友推荐、从合作客户中物色等途径，选定候选人。候选人人数必须多于拟招聘的人数，以便择优录用。

（4）跟踪考察。创业者要了解各候选人的情况，并进行全面深入的考察。通过考察，了解候选人的知识结构、教育背景、性格特征、合作动机、愿望等。创业者应亲自与候选人面谈，以便进一步考察验证。

（5）择优录用。挑选团队成员时要全面评估各候选人的优势与劣势，力求德才兼备，最为理想的是团队成员在知识、性格、特长（能力）、教育背景、资源等方面互补，而在创业动机、创业愿景、个人特性方面相似。经过反复比较、推敲，在达成双方合意的基础上择优录用。

6-2

微课：如何组建创业团队

6

适度的团队规模是保证团队高效运转的重要条件。团队成员太少则无法实现团队的功能和优势，太多又可能分裂成许多较小的团体，大大削弱团队的凝聚力。在团队创建初期，人数不宜过多，能满足基本的需求即可。但创业团队至少需要管理、技术和营销三个方面的人才。

拓展阅读 6-2

最适合共同创业的十种人如下：

（1）合得来的人；

（2）有共同价值观的人；

（3）充分了解、信任的人；

（4）遇事易沟通的人；

（5）有奉献、牺牲精神的人；

（6）宽容大度的人；

（7）志趣相投的人；

6-3

微课：不能和这三类人合伙创业

　（8）能坚定支持自己的人；

　（9）有相关专业背景的人；

　（10）有共同理想、信念的人。

4. 明晰职权划分

执行创业计划需要合理划分职权,具体确定每个团队成员要担负的职责及相应的权限。一般会将企业中承担相似或相同职能的工作人员集中在一起,形成工作部门;再根据各部门的职能,给不同的人分配不同的工作任务,使团队成员的工作能够有效协调。团队成员间职权的划分必须详细、明确,既要避免职权的重叠和交叉,又要避免无人承担造成工作上的疏漏,同时还应根据团队成员的变动情况,动态地对成员的职权进行调整。

5. 选择合作方式

通常来说,团队成员共同创业的方式有两种。① 合伙制。团队成员共同订立合伙协议,成立合伙企业,共同出资,合伙经营,共享收益,共担风险,并对合伙债务承担无限连带责任。② 公司制。团队成员以股东身份,投资入股,制定公司章程,设立有限责任公司或股份有限公司,公司以其全部财产对公司的债务承担责任,股东以其认缴的出资额(或认购的股份)为限对公司承担责任。具体采取哪种形式、怎么合作,应根据团队成员的价值观、创业项目、创业资源的具体情况进行综合考虑。

6. 制定管理制度

管理制度对成员有约束和激励作用。应通过各种管理制度来约束成员的行为,以确保证创业团队的稳定。创业团队管理制度应体现对成员的控制和激励功能。管理制度应以规范化的书面形式确定下来,以免带来不必要的混乱。一方面,创业团队通过各种约束制度(主要包括工作纪律条例、财务管理条例、保密条例等)避免成员做出不利于团队发展的行为,从而保证团队的稳定;另一方面,有效的激励制度(主要包括利益分配方案、奖惩制度、考核标准、激励措施等)是创业团队实现高效运作的重要保证,能充分调动成员的积极性,最大限度地发挥团队成员的作用。

7. 团队调整融合

完美的创业团队是随着企业发展逐步磨合出来的。创业过程中,创业团队的建设不能一蹴而就。创业过程中,随着时间的推移,团队组建时人员匹配、制度设计、职权划分等方面的不合理之处会逐渐显露出来,需要对创业团队适时地进行调整融合,以保持团队成员间的有效沟通与协调,培养和强化团队精神,提升团队士气。问题的暴露需要一个过程,因此,团队调整融合也应是一个动态持续的过程。

6

> **课堂活动 6-1**
>
> #### 分 组 讨 论
>
> 　唐僧、孙悟空、猪八戒、沙和尚四人想创办一家公司,该公司有五个工作岗位:总经理、技术总监、财务总监、保卫部长和公关部长。请问他们四人分别适合哪个岗位?请阐述理由。

单元二　建设创业团队

问题导学

1. 为什么说建设好创业团队至关重要？
2. 创业过程中，该如何制定严格的管理制度和有效的激励制度？
3. 如何打造优质高效的创业团队？

案例导入

失败的创业团队

　　小王和小刘是从小一起长大的好朋友。小王学的是市场营销专业，毕业后在一家外贸企业的市场部工作。两年后，小王积累了不少客户资源，也有了同客户打交道的经验。小刘大学毕业后在一家大型民营企业从事销售工作，同样掌握了一些客户资源。一次聚会中，小王、小刘和另一个朋友晓丽谈得十分投机，萌生了共同创业的想法。很快他们就凑齐了 50 万元的创业资金，并在写字楼里租了一间办公室，购置了计算机、打印机、复印机等办公设备，注册成立了一家贸易公司。

　　创业之初，三人奔波于各个展会上，积极开拓市场。经过不懈努力，他们迎来了第一个客户。为了扩大市场份额，他们想方设法节约开支，降低成本，提升产品质量和服务水准，陆续做成了几笔生意，公司的知名度也有所提高。可是好景不长，由于市场竞争激烈，客户订单减少，公司的利润十分有限，只能勉强维持运转。再加上三人的角色定位模糊，分工不明确，又缺乏规范的管理制度和有效的激励制度，公司中的矛盾逐渐显露出来。

　　一天，小刘和晓丽因一件小事大吵了起来，后经过小王调解，两人握手言和。但在之后的工作中，两人开始明争暗斗，互相拆台。不久公司就陷入了困境，小王、小刘两人均心灰意冷，提出了撤资、散伙的要求。几个月后，公司宣告破产，这个创业团队也随之解散。

　　新创企业的成长壮大需要团队全体成员齐心协力。创业团队组建完毕后，既要解决决策分歧，又要防止利益冲突。唯有加强创业团队建设，努力打造高效优质的创业团队，才能应对创业过程中的各种挑战，化解创业风险，促进创业成功。

　　创业团队建设的重点是在维持团队稳定的前提下发挥团队优势，使团队力量远远大于各个成员力量之和。创业团队建设必须采用适当的策略,并遵循一定的原则和方法。

一、建设原则

(一) 明确目标原则

没有目标会导致迷茫,因为无法确定努力的方向。树立明确、清晰且切实可行的目标,建立共同的愿景,全体成员才能真正凝心聚力、有的放矢、团结一致,为实现共同目标努力打拼。

(二) 共同价值观原则

共同价值观对全体团队成员有着明显的凝聚与约束作用。就像一个人的价值观会影响其思想和行为一样,团队的价值观也会影响团队成员的思想和行为。共同价值观是处理创业难题、解决实际问题时的准则。价值观混乱,思想就会混乱,必将损害团队利益。

俗话说,"人心齐,泰山移"。形成共同价值观,就能激发团队的执行力、战斗力、凝聚力,让团队发挥出移山填海的力量,战胜各种困难。

(三) 规范管理原则

要有效管理团队,提高团队的执行力,培养成员的敬业精神,让大家积极主动地工作,把事情做好,实现业绩增长,需要建立一套规范的管理制度。管理制度是团队成员在创业过程中必须共同遵守的规定和准则。创业是一项艰难的事业,创业者必须明确企业未来的战略选择、运行机制、管理体制,在此基础上建立起规范的管理制度,规范和约束团队成员的行为,发挥全体成员的积极性、创造性,提高经营管理水平,不断提升企业的市场竞争力和经济效益。

(四) 利益公平分配原则

许多人认为自己获得的少于应得的,这种心理状态会导致要么推卸责任,要么不再努力的后果,对新创企业的发展壮大极具破坏性。创业之初的股权分配与创业过程中团队成员的贡献往往并不一致,此时创业者就要很好地协调两者之间的比例关系,制定一套公平的利益分配机制,使企业的财产、权力、增资、扩股、融资、人事安排等与成员利益有关的事情都做到有根有据,并随着企业的发展定期讨论和调整,以保证成员利益随着角色、责任及所做贡献的变化得到公平公正的调整。要让全体成员心理平衡,避免团队成员之间因为利益的问题而产生隔阂。

(五) 绩效评估原则

应该根据工作岗位的要求,制定具体工作业绩的评价标准(包括定量指标和定性要求)。绩效评估应涵盖企业管理的方方面面,对全体团队成员的工作态度、工作过程、工作效果进行全面、规范的考评。绩效评估为团队成员的奖惩、职务调整和薪资安排提供依据,使团队成员有明确的努力方向和目标。

(六) 精简高效、动态调整原则

为降低运行成本,提升市场竞争力,在保证企业高效运作的前提下应尽量精简团队。在维护团队基本稳定性的同时,也要保持团队的动态协同性和发展性,使真正匹配的人员能被吸纳到创业团队中来,以提升团队整体竞争力。

二、建设方法

创业团队成员作为核心骨干,在企业发展中承担着重要责任,发挥着重要作用。当企业发展到一定规模后,创业团队成员容易养尊处优、不思进取,且容易产生矛盾和纠纷。因此,企业要想在竞争中取得胜利,必须不断加强创业团队建设。

(一)强化团队意识

团队成员各有所长、性格迥异。要发挥出"1+1>2"的协同效应,就必须不断强化团队意识,使集体利益与个人利益达到高度一致。创业团队成员需要了解自己的优势与劣势,不断学习,提升自我能力;同其他成员密切合作,互相帮助,互相体谅。团队负责人应合理地将创业目标分解到每个部门、每位创业团队成员,通过所有成员的努力来实现团队目标。

(二)塑造和谐的企业文化

企业文化是企业持续成长的关键。在共同创业过程中,团队成员由于教育背景、个性特征、知识能力、价值观的不同,往往对同一问题有不同的理解。因此,要塑造和谐的企业文化,应让团队成员树立全局意识,彼此团结合作;意见不一致时,通过沟通和积极讨论,在最短的时间内达成统一。

(三)明晰工作职责

长期合作中,明晰工作职责最重要,这样可以避免创业团队成员在之后的经营中互相扯皮、推卸责任。许多创业团队在创业合作中出现问题,就是因为责任不够明晰。合作初期,创业合作者务必以书面的形式对合作事项及合作伙伴的各自职责进行确认,不能碍于情面而含糊不清。

拓展阅读6-3

良好的组织结构可以帮助企业在人员有限的情况下保持较高水平的团队执行力和战斗力。可以按照以下步骤来设计企业的组织结构。

步骤一:弄清企业内部有哪些工作职责,应该划分成哪些部分;应该设置哪些岗位。

步骤二:明确各部门和岗位之间是从属关系还并列关系。

步骤三:明确各部门和岗位的工作职责。

步骤四:考虑各部门和岗位应该设置哪些人员,以及设置多少人员。

三、打造优质高效的创业团队

(一)优质高效创业团队的特征

1. 有共同愿景

共同愿景就是团队成员共同的目标、使命及核心价值。共同愿景是创业团队的核心凝聚力,有凝聚、激励和规范作用。

2. 有互补的技能

技能互补即团队成员具备的每一种技能都是实现团队的目标所必需的,并且可以互相补充。它可分为技术性或职能性的专家意见、解决问题和决策的技能、人际关系技能三类。

3. 有良好的沟通

相互信任、相互承担责任是团队成员对自己和他人做出的严肃承诺。

4. 合理的分配机制

有合理的分配机制,能合理分享经营成果。

拓展阅读 6-4

为什么有的创业团队没组建多久就宣告解散? 一是由于决策分歧,二是由于利益冲突。因此,有效的创业团队管理必须解决决策分歧和利益冲突这两大问题。

首先,创业团队管理是在缺乏组织规范条件下的团队管理。在创业初期,创业团队还没有建立起规范的决策流程、分工体系和组织规范,"人治"风格相当浓厚。此时,团队成员之间的认同和信任非常重要,但这种认同和信任很难在短期内建立起来,因为它取决于创业团队的初始结构。

其次,创业团队管理是缺乏短期激励手段的团队管理。成熟企业内的工作团队可以凭借雄厚的资源基础,借助月度工作考核等手段,在短期实现成员投入与回报的动态平衡。相比之下,创业初期,团队需要在时间、精力和资金等资源方面做出高强度投入,但短期内无法实现期待的激励和回报,这不仅是因为没有资源,更是因为创业团队的回报以创业成功为前提。成功不会一蹴而就。

最后,创业团队管理是以协同学习为核心的团队管理。成熟企业内工作团队的学习以组织知识和记忆为依托,成员之间共享相似的知识基础。但是创业过程充满不确定性,需要不断试错和验证,并在此基础上创造并存储组织知识和记忆。创业团队的协同学习建立在团队成员之间在创业之前形成的共同知识和观念的基础上,这仍旧取决于创业团队的初始结构。核心创业者对于团队成员的选择决定了创业团队管理的基础架构,这是实现有效创业团队管理的重要前提。

6

(二) 打造优质高效的创业团队的方法

1. 用人、育人、留人

团队成员的技能和个性各有特点,以形成互补为佳。把合适的人放到合适的岗位上,实现人职匹配,信任并不断鼓励其成长,使其个人意愿与团队愿景相结合。

通过素质拓展培训,强化团队意识和协作精神,让团队成员体会到合作与竞争、决策与执行在团队中的重要性,提升团队成员的综合素质和工作水平,提升团队的凝聚力和战斗力,推进企业跨越式发展。

加强企业文化建设,营造公正、轻松、透明的工作氛围,关注团队成员的成长和发展;采取适当、有效措施,维护团队成员的正当权益,满足团队成员的合理诉求,确保创业团队的基本稳定,降低人才流失率。

2. 实施有效的激励政策

要建立优质高效的创业团队,激励是必需的。团队负责人可以采用各种有效的激励措施来调动、激发团队成员的工作积极性,促使其努力工作。不同团队成员有着不同的利益诉求,即使是同一成员,在不同阶段的诉求也不同。因此,激励的方式应该多样化,可以是物质奖励,也可以是精神激励。创业初期,在物质奖励有限的情况下,精神激励同样可以调动和保持成员的工作积极性。

3. 提高团队协作能力

团队协作能力是指发挥团队精神、互补互助以实现团队最高工作效率的能力。提高团队成员的协作能力是打造优质高效团队的重点。提升团队成员的协作能力,需要做好以下几方面的工作。

(1) 加强沟通交流。沟通交流能增进感情,消除误会,增进互信,达成共识。良好的沟通是优质高效团队必备的要素之一。有效的沟通交流能够影响成员在团队中的行动,包括对工作方案的认同、团队成员间的有效配合、在执行团队任务时的全力以赴,使团队成员保持目标一致并且共同努力。

(2) 建立信任关系。首先,团队负责人要信任团队成员,和团队成员打成一片,了解团队成员的实际情况;其次,团队成员也要相信团队负责人,努力实现团队的目标,在实际工作中有什么问题要及时汇报和反馈;最后,团队成员之间也要相互信任,各尽其职,配合好团队的工作。创业团队因信任而成功。要建立信任关系,让成员更好地融入团队,与其他成员协调合作。

(3) 做好分工协作。分工协作可以人尽其才,充分发挥每个人的特长优势,提高工作效率。因此,团队成员之间既要分工明确,又要互助协作,互相尊重,以最大限度地发挥个体优势,让团队迸发出巨大的潜能。

课堂活动6-2

分 组 讨 论

找一家与你的专业相关或者你感兴趣的企业,找到该企业的组织架构图,然后谈一谈你感兴趣的工作岗位的岗位职责,以及建立企业管理制度和明确岗位职责的重要性。

6

思 考 与 练 习

（一）回顾总结

1. 通过本专题的学习，我懂得了：_____

_____

_____。

2. 通过本专题的学习，我掌握了：_____

_____

_____。

（二）案例分析

邓某自主创业创办了一家新公司，通过多方物色，找到了愿意同他合作创业的三个合伙人。邓某自己负责主持全面工作，李某分管采购和市场营销，张某分管技术、生产和售后服务，黄某分管公关和财务。一天，邓某主持召开会议，主要议题是商讨年度生产与销售计划。会上，邓某提出了自己的想法，谁知李某当场就跟他叫板，说："这里的市场我比你了解多了，你这个方案根本行不通。"张某也跟着起哄，说生产计划无法完成。场面一时很是混乱，这让邓某相当恼火。之后，公司的每一次会议基本上都延续这种风气，不管是谁的提议，都会有人出来反对，但是询问反对者有何其他方案时，对方又开始推三阻四。这种为了反对而反对、对人不对事的情况持续了将近半年。邓某很想解散这个团队，另行物色合伙人选，但苦于"千里马"难寻，这让邓某陷入了无尽的苦恼。

邓某的创业团队存在什么问题？如果是你，你会怎么做？

（三）课后实践

假设你要创办一家企业，请确定你的企业需要的员工，并设计出你的企业的组织架构图。

6

专题七
新创企业

引导语

　　同学们，假如你确定了创业项目、有了创业团队和创业启动资金，你希望创办一家什么样的企业呢？我国企业的组织形式包括个人独资企业、合伙企业、公司(包括有限责任公司和股份有限公司)等。不同的企业组织形式有不同的特点，开办和注册企业的资金、开办企业手续的难易程度、风险责任的大小等各不相同。

　　在创办新企业时，创业者面临的第一个问题就是该选择哪一种企业组织形式。我们还需要完成选择合适的经营场所、筹措启动资金、做好人员和财务管理等事项。要对应对创办企业可能要遇到的困难和挑战做好充分准备，让企业顺利起步和稳定发展，并确保企业在市场中获得竞争优势，这些都要求我们掌握基本的企业经营管理策略。

　　通过本专题的学习，同学们可以了解各种企业组织形式的特征、注册条件及新企业的开办流程等知识，熟悉创办企业相关的法律知识，学会规避在创办企业的过程中可能遇到的风险，并学习企业经营管理策略，实现企业的依法依规经营和创新发展。

 学习目标

　　1.了解各种企业组织形式的特征、注册条件及新企业开办的流程。

　　2.掌握新企业选址和经营管理等策略。

　　3.树立依法经营的理念。

问题导学

1. 企业的组织形式与企业的发展有何关系？
2. 如何为新创企业选择合适的经营场所？
3. 注册成立一家有限责任公司需要提供哪些文件？

案例导入

小黄的新创企业管理

2022年，某高职院校的自动化专业学生小黄和几名同学一起参加了学校的创业计划大赛，虽然比赛结果并不理想，这却激发了他们的创业热情。比赛结束后，小黄和同学们商量成立一家电脑服务公司，准备进行真实的创业。他的这一想法得到了其他同学的积极响应。经过商议，小黄出资两万元，其他八人每人出资一万元，共计启动资金十万元。同年7月，他们正式成立了一家科技有限公司，主要业务包括电脑组装、电脑及配件的代售、电脑故障维修等。

经营不久后，有两名同学因为自身经济困难而撤资，剩余七人继续维持经营。这七名同学根据自身的专业特长，分块负责公司的各项业务，店面的营业人员由七名同学轮流充当。七名合伙人认为彼此关系良好，平常的工作量和业绩并不直接与经济利益挂钩，而是采取平均分配利润的方式。公司营业一年多以来，业绩尚可，已收回投资，并于2024年6月开始盈利。

对经济实力薄弱、学习任务繁重的在校大学生来讲，团队合作是创业的必由之路。小黄等创办的新企业采用有限责任公司的组织形式，作为大股东，小黄的投资是其他每位股东投资的两倍，但其股份仅占公司股份总额的20%；七名合伙人平常的工作量和业绩并不直接与经济利益挂钩，而是采取平均分配利润的方式。这种股权结构和利润分配方式可能会对公司的长远发展产生不利的影响。

企业是依法成立，以营利为目的，从事商品生产、流通或技术服务的经济组织。企业通常具有营利性、经济性、自主性和合法性四个特征。

创业者创办一家企业，在符合基本条件的前提下，首先要选择合适的企业组织形式和经营场所,筹措好资金,然后依照法定程序进行注册登记。依法取得营业执照后,才算合法经营。了解创办新企业的一般流程,对创业者来说意义重大。

一、确定企业组织形式

(一) 企业组织形式的概念和种类

企业组织形式也叫企业的法律形态,是企业财产及其运营的组织状态,它能表明一个企业的财产构成、内部分工协作情况及与外部社会产生经济联系的方式。目前,在我国的经济生活中,可供选择的企业组织形式包括个人独资企业、合伙企业、公司(包括有限责任公司和股份有限公司)等。

1. 个人独资企业

个人独资企业是指依照《中华人民共和国个人独资企业法》在中国境内设立,由一个自然人投资,财产为投资人个人所有,投资人以其个人财产对企业债务承担无限责任的经营实体。

个人独资企业的法律特征主要包括以下几点。① 它是由一个自然人创办的独资企业,该自然人具有完全民事行为能力。法律法规禁止从事营利性活动的人不得作为投资人申请设立个人独资企业,国家机关,国家授权的投资机构、部门、企业,事业单位等都不能作为个人独资企业的设立人。② 投资人以其个人财产对企业债务承担无限责任。以家庭共同财产作为个人投资的,以家庭共同财产对企业债务承担无限责任。③ 个人独资企业是独立的民事主体,能够以自己的名义从事民事活动。但个人独资企业没有独立的资产,企业的财产就是投资人的财产,企业的责任就是投资人的责任。因此,个人独资企业不具备独立的法人资格,无独立承担民事责任的能力。

拓展阅读 7-1

依据《中华人民共和国民法典》(以下简称《民法典》)第五十四条,自然人从事工商业经营,经依法登记,为个体工商户。

个体工商户可以取字号,可以由个人经营,也可以由家庭经营,其生产经营范围只限于工商业。根据《民法典》第五十六条,个体工商户的债务,个人经营的,以个人财产承担;家庭经营的,以家庭财产承担;无法区分的,以家庭财产承担。

● 7-1

微课:个人独资企业与个体工商户的区别

2. 合伙企业

合伙企业是指自然人、法人和其他组织依照《中华人民共和国合伙企业法》在中国境内设立的普通合伙企业和有限合伙企业。

普通合伙企业由普通合伙人组成。普通合伙企业对其债务,应先以其全部财产进行清偿,不能清偿到期债务的,普通合伙人对合伙企业债务承担无限连带责任。有限合伙企业由普通合伙人和有限合伙人组成,普通合伙人对合伙企业债务承担无限连带责任,有限合伙人以其认缴的出资额为限对合伙企业债务承担责任。

合伙企业一般在广告、会计、法律、零售商业等行业较为常见,其数量不如个人独资企业和公司多。

合伙企业的法律特征主要有以下几个。① 以合伙协议为成立的法律基础。合伙协议是调整合伙关系,规定合伙人的权利、义务,处理合伙纠纷的基本法律依据,对全体合伙人具有约束力。② 由全体合伙人共同出资,合伙经营。③ 合伙人共负盈亏,共担风险。

3. 公司

(1) 有限责任公司。有限责任公司是指根据《中华人民共和国公司法》(以下简称《公司法》)登记注册,由一人以上五十人以下的股东出资设立,股东以其所认缴的出资额为限对公司债务承担有限责任,公司以其全部资产为限对其债务承担责任的经济组织。只有一个股东的公司,股东不能证明公司财产独立于股东自己财产的,应当对公司债务承担连带责任。

有限责任公司的法律特征主要包括以下几个。① 有限责任公司是企业法人。② 有限责任公司的股东人数有严格限制。《公司法》规定有限责任公司股东人数为一人以上五十人以下。③ 股东可以用货币出资,也可以用实物、知识产权、土地使用权股权、债权等可以用货币估价并可以依法转让的非货币财产作价出资,但是法律法规规定不得作为出资的财产除外。④ 有限责任公司是资合公司,但同时具有较强的人合因素,有限责任公司的股东可以相互转让其全部或者部分股权。⑤ 有限责任公司的经营状况不需要向社会公开。⑥ 有限责任公司不能向社会公开募集公司资本,不能发行股票。

(2) 股份有限公司。股份有限公司是将全部资本分为等额股份,股东以其认购的股份为限对公司承担责任,公司以其全部资产对公司债务承担责任的经济组织。设立股份有限公司,应当有二人以上二百人以下为发起人,其中应当有半数以上的发起人在中华人民共和国境内有住所。

股份有限公司的特征主要包括:① 公司组织的资合性,公司股份可自由转让;② 资本募集的公开性;③ 公司资本的股份性;

小贴士 7-1

相对要求承担无限责任的独资企业、合伙企业来说,有限责任公司要求承担有限责任,限定了创业者承担的法律风险。

在组建有限责任公司的过程中,创业者应当根据法律的规定,规范股东之间的股份分配、权利、义务,规范公司运作,以降低法律风险。

小贴士 7-2

有限责任公司私密性强,保护股东之间的信任关系,体现了资合性与人合性的结合,在运营上具有灵活性,其设立、运作的程序相对简单。

股份有限公司公众性强,通过发行股票融资,往往股东人数众多,对公司的决策也按持有股份数量掌握话语权,是典型的资合公司。出于保护公众的目的,无论是从设立条件还是设立程序上来说,股份有限公司的设立都比有限责任公司的设立更严格、更复杂。

7

④ 股东责任的有限性;⑤ 公司具有完备的组织机构和独立的财产,是一种典型的法人企业。

(二)影响企业组织形式选择的主要因素

在决定创办企业时,创业者不但需要了解我国现行法律制度下可以选择的各种企业组织形式,而且应当了解每一种组织形式的法律特征,从中选择一种适合的企业组织形式。通常,选择企业组织形式时应考虑以下几方面因素。

1. 投资人的责任

企业的投资人在市场环境中时常面临各种经营风险,相关法律所规定的责任制度是必须关注的焦点。

2. 法律对企业所在产业、行业的限制

原则上创业者有选择企业组织形式的自由,但某些特殊的企业,比如以专业知识和技能为客户提供有偿服务的专业服务机构(包括会计师事务所、律师事务所、资产评估事务所等)依照法律规定,只能采用合伙企业形式而不能采用公司形式;而对银行、保险公司等金融企业,法律则要求其必须采用公司形式。

3. 正式化程度与运营成本

企业创立之初,由于创业者缺乏经营经验,吸引的投资有限,合伙企业中的决策、沟通和执行都较有限责任公司更加简单、迅速和有效。有限公司在运营成本方面也处于明显劣势,增资扩股程序也较为烦琐。对规模尚小的企业而言,合伙企业可能是较适合的组织形式。

4. 设立条件与程序

企业的设立条件与程序是企业取得经营主体资格必备的法定条件与必经的法定程序,一般受企业投资者的责任制约,反映企业中的权利、义务和风险利益关系。

拓展阅读 7-2

在企业的生命周期中,组织形式不仅是其法律身份的体现,而且是影响其日常运营管理的关键因素。组织形式的选择直接决定了企业的决策结构、内部沟通、资源分配及市场策略等多个方面。

一、常见企业组织形式的特点及其对经营管理的影响

1. 合伙企业

合伙企业通常适用于特定行业或专业领域,如律师事务所和会计师事务所。在这种形式的企业中,合伙人共享企业利润和亏损,这促进了合伙人之间的紧密合作和共同决策。从运营管理的角度看,合伙企业通常具有较高的灵活性和创新性,因为合伙人可以直接参与企业的日常运营。

2. 有限责任公司

有限责任公司以其责任有限和相对灵活的特点成为创业者的首选。在有限责任公司中,一般情况下,所有者(股东)的责任限于其投资额,这降低了个人资产的

风险。从运营管理的角度看,有限责任公司的决策通常更为迅速和灵活,因为决策权通常集中在少数关键人员手中。然而,随着企业规模的扩大,这种集中决策可能导致效率下降和创新能力减弱。

3. 股份有限公司

股份有限公司通常拥有更为复杂的组织结构和更多的股东,因此其运营管理通常更加正规和专业化。股东大会、董事会和监事会的设置确保了决策的透明性和公正性。这种组织形式适合大型企业,因为它可以吸引更多的投资人且其所有权更为分散。然而,这也可能导致决策过程更为烦琐和缓慢。

二、组织形式对运营效率的直接作用

1. 组织结构

企业的组织结构直接受到组织形式的影响。有限责任公司可能采用扁平化的组织结构,以加快决策速度;而股份有限公司可能采用金字塔式的结构,以确保决策的正式性和合规性。

2. 决策权限

在不同的组织形式下,决策权限的分配也有所不同。在有限责任公司中,关键决策通常由主要股东或管理层做出;而在股份有限公司中,决策通常需要经过董事会或股东大会的批准。

3. 员工角色

员工角色也受到组织形式的影响。在股份有限公司中,员工可能拥有更加明确的职责和晋升路径;而在有限责任公司或合伙企业中,员工可能需要扮演更为灵活和多元的角色。

三、优化运营管理策略的案例分析

假设一家初创科技企业在成立初期选择了有限责任公司作为组织形式,随着规模的扩大和融资需求的增加,企业决定转变为股份有限公司。在这一转变过程中,企业需要考虑如何优化其运营管理策略以适应新的组织形式。例如,企业可能需要建立更为正式的管理体系和决策流程,同时加强内部沟通和协调以确保决策透明和高效。

四、灵活调整组织形式的必要性

市场环境的快速变化要求企业能够灵活调整其组织形式以应对挑战和抓住机会。通过灵活调整组织形式,企业可以更好地适应市场需求、优化资源配置、提高决策效率和创新能力。

五、注意事项与建议

1. 充分了解各种组织形式的特点

在选择或调整组织形式时,应充分了解各种组织形式的特点和适用场景,以便做出明智的决策。

2. 充分考虑企业的实际情况和发展目标

在选择或调整企业组织形式时应充分考虑其实际情况和发展目标,以确保组织形式与企业战略相契合。

7

3. 加强内部沟通和协调

在调整组织形式的过程中,应加强企业内部沟通和协调,以确保员工对新组织形式的认同和支持。

4. 注重法律合规和风险管理

在调整企业组织形式时,应注重法律合规和风险管理,确保新的组织形式符合相关法律法规,降低潜在风险。

通常情况下,法律对投资人对企业债务承担无限(连带)清偿责任的企业的注册资本和投资人出资方式的规定较为灵活,其企业设立程序相对简单,企业注册登记所需费用也相对低廉。投资人承担有限责任的企业设立的条件较为严格,法律对股东出资的方式、比例通常也有限制,有的还有最低注册资金的要求,企业设立程序比较复杂,一般要求创办人提供相应的法律文件,依照一定的程序进行设立,相关费用也较高。

5. 企业治理结构

企业治理结构就是企业组成人员对企业进行管理和控制的体系,它反映企业内部机构的设置、运行及各个机构之间的法权关系。每一种企业组织形式通常都会给管理控制和决策责任带来不同的机会和问题。创业者通常希望尽可能多地保留对企业的控制权。一般来说,创业者对个人独资企业拥有最大的控制权;在合伙企业中,一般由合伙人根据合伙协议协商解决日常及关键性问题;而公司的管理权和控制权通常都是分离的。

6. 税收负担

不同组织形式的企业所应缴纳的税款也不同,因此创业者选择企业组织形式时,通常也会考虑税收负担问题。根据我国税法的规定,国家对个人独资企业生产经营所得计征个人所得税。合伙企业以所有合伙人为纳税义务人,合伙人是自然人的,缴纳个人所得税;合伙人是法人和其他组织的,缴纳企业所得税。公司制企业既要按公司经营所得缴纳企业所得税,又要在向股东分配利润时为股东代缴个人所得税。因此,从税收负担的角度来说,选择个人独资企业及合伙企业所需要缴纳的税款较公司更低。但是,这并不能一概而论,对于一些特殊的企业,如高新技术企业和小微企业,政府对其实施税收优惠政策,在享受税收优惠政策的情况下,公司制企业也可能更加节税。

课堂活动 7-1

分 组 讨 论

(1) 根据全班同学总人数确定分组数,每组以 4~6 人为宜。

(2) 同一小组的同学围坐在一起,教师带领同学们阅读以下背景材料。

小王大学毕业后,有意开展自主创业。父母对他的想法比较支持,拿出积蓄50万元给他做创业资本。经过考察,小王决定在本市的大学城开办一家餐饮企业。

（3）各小组分别讨论,为小王选择一种合适的企业组织形式,填入表7-1,并说明本小组选择这一企业组织形式的理由。

表7-1 企业组织形式比较一览表

序号	企业组织形式	优 势	劣 势
1	个人独资企业		
2	合伙企业		
3	有限责任公司		
4	股份有限公司		

（4）教师对本次课堂活动进行全面总结,并逐一分析各小组的讨论结果。

（5）根据各小组讨论情况、每位同学的参与程度与表现,采取小组互评和教师评价相结合的方式确定每位同学的得分,作为课程考核评价的依据之一。

二、选择经营场所

根据法律规定,企业必须有固定的经营场所。选址是创业过程中一个非常重要的问题。企业的类型不同,对经营场所的要求也不同。为企业选择合适的经营场所,可以为企业运营有效地节约成本、增加效益。对某些行业的企业来说,企业选址还是决定企业能否经营成功的关键。

对初创企业来说,通常创业者在企业选址时主要考虑两个方面:一是经营地点应有利于业务的开展;二是能严格控制场地费用。这两个方面是相互冲突的,好的经营地点,如繁华闹市,场地租金自然比较贵;而偏远郊区租金虽然便宜,但对有的行业来说,又会严重影响经营业务的拓展。因此,要尽量做到二者兼顾和平衡。

对企业经营场所的选择,一般应该注意以下几点。

1. 经营战略目标

企业经营战略目标的确定,必须充分考虑到经营区域的社会环境、地理环境、人口、交通状况及市政规划等因素。依据这些因素明确目标市场,按目标顾客的构成及需求特点,确定经营战略目标,并以此来决定企业经营场所的选择。事实表明,经营范围、服务水平基本相同的企业,会因为选址的不同而在经营状况上出现明显的差异。经营场所一经选定,企业所面临的市场环境、客流量、顾客购买力、顾客消费结构等因素就已经基本确定。

2. 资金承受能力

有固定场所是企业注册的基本要求。不论是租赁还是购买,经营场所一旦确定,就需要投入大量的资金,而且一经投资,短期内难以调整和改变;当外部经营环境发生变

7

化时,经营场所无法像人、财、物等经营要素一样进行适时调整。经营场所不同,其购买或租赁价格也不同。在商业集中区域,场地价格自然偏高,在相对偏僻的地段或新开发地段,场地价格相对较低。创业者需要根据企业性质、经营定位和自身的经济实力等因素来综合考虑。

3. 方便、安全性

人们买东西或接受服务时都希望方便、安全。因此,在企业选址时,创业者应注意配套设施是否齐全,充分考虑顾客是否方便、安全,例如附近停车是否方便,电梯、路灯和绿化设施是否齐全,空气是否清新。

4. 客流量和竞争性

一般来说,繁华的商业区和交通便利、人口密度较高的社区人流量大,市场需求旺盛,相对来说客源较为稳定,能在一定程度上保证企业经营的稳定性和灵活性;在交通不便、位置较偏僻或小型的、不成熟的社区创业,由于客流量小,客源不稳定,可能无法保证经营的可持续发展,相对来说竞争力不强。

7-2

微课:新创企业该如何选址——以开果汁店选址为例

拓展阅读 7-3

企业选址一般要经过预选区域、前期考察、成本核算、签订合同等几个环节。

(1)预选区域。根据经营业务的范围、方式,在充分考虑各种因素的前提下,按照配套齐全、功能适用、交通便利、经济实惠、产业聚集、文化协调等原则,确定企业选址范围;结合所在区域的交通情况、顾客分布状况等重点因素选择某几个区域作为目标选址,进行对比考察。

(2)前期考察。在选择具体经营场所时,一定不能生搬硬套,即使再繁华的地段也会有死角,别的企业经营良好的地点不一定适合自己的企业。因此,一定要对初步选定的经营场所进行详细的市场调查,包括人口调查(周边常住人口数、流动人口数、人均收入情况、消费水平、居民工作行业分布、居民文化程度等)、商圈调查(道路交通流量、交通工具转乘情况、现有主要经营行业、店面租金水平)、配套物业调查(目标经营场所的水、电、气供应情况及价格,中央空调及冷、热水供应情况,停车位、卫生间、电梯分布情况)等,主要考察目标场所是否符合自身企业选址的要求,是否适合企业经营。对多个目标场所的各项调查内容进行评分,优先选择分数高的场所作为企业经营场所。

（3）成本核算。经营场所费用是企业运营中的固定成本之一，不管企业经营状况如何，场地租金或购置费用都是一项固定且不菲的开支，直接关系到企业的经营成本。因此，企业选址时要重点考虑场地费用。

（4）签订合同。无论是租赁还是购置，都需要在明确双方意愿后，与对方签订场地（房屋）租赁（或购置）合同。合同中要明确约定双方的权利和义务。合同签订后，出租方（或卖方）应该将房屋产权证明材料交由承租方（或买方），方便其办理企业注册相关手续。

三、筹措启动资金

（一）预测启动资金

创办企业需要投入资金。启动资金是创业者开办企业时用于固定资产投资的费用，确保企业正常运转所必须购买的物资、资料等的费用及其他必要开支的总和。

开办企业，租房，买设备，购买原材料或进货，支付工资、水电费、办公经费无不需要资金支持。启动资金按照用途可分为三大类。

（1）固定资产投入，主要是购置价值较高、使用寿命较长的设备（机器、工具、工作设施、车辆、办公家具等）所需费用，及场地租赁、装修费用。固定资产投入可以折旧，即分期计入成本逐渐回收。通常来说，投资固定资产、购置设备的前提是其为必需的、关键的，即除了必不可少的物资，尽量少投资，以降低经营风险。

（2）流动资金投入，就是保证企业日常运转所需支出的资金，主要用于购买原材料和商品存货，支付促销费用、人员工资、房租、通信费用、保险费用和其他日常开支。

（3）开办费用，主要是开业前的各种费用，包括办证费、差旅费、技术（专利）转让费、加盟费等。

创业者可以将创办企业所需的各类支出统计后绘制成表格，将这些支出分为开业前支出、开业后支出，同时标明支出金额和支出项目。根据支出的对象，确定支出的重要程度。将开业前、后的各类支出汇总，就可以预测开办企业需要多少启动资金。

拓展阅读 7-4

（1）预测启动资金的步骤是：① 列出所有支出项目；② 按照固定资产投入、流动资金投入、开办费用分类；③ 处理特殊情况；④ 合计三项的总和。

（2）依据"必要、合理、最低"的原则，该支出的必须支出，不该支出的就不要支出。

（3）必须有充足的流动资金，以维持企业的正常运转。必须保持一定量的流动资金，以备不时之需。流动资金周转不灵可能导致企业破产。

（4）核准流动资金持续投入期（通常为 3～6 个月），核准没有取得销售收入以前需要投入的流动资金数量。

7

（5）处理好需要和必要的关系。对创业项目来说，所需要的设备当然是越全越好，但创业者的财力通常是有限的，不可能面面俱到。因此，要把有限的财力用到最需要的地方，用在必不可少的设备的投入上，对于那些现阶段可以不投入的设备就先不投入。

（6）处理好短期和长期的关系。进行初期投资时，创业者应为未来一两年经营规模的发展留有一定的余地。一旦企业需要扩大规模，就要重新进行固定资产的投入，重新选址，又要重新面对新的市场、新的目标顾客、新的消费习惯，制订新的市场营销计划。

启动资金预测表如表 7-2 所示。

表 7-2　启动资金预测表

时间段	投资类别	支出项目	数额（万元）	重要程度（★～★★★★★）	备　注
开业前	固定资产投入	场地租赁/购置			
		设备购置			
		工具、车辆购置			
		……			
	开办费用	设计费			
		办证费			
		技术(专利)转让费			
		……			
开业后	流动资金投入	原材料购置			
		人员工资			
		广告促销			
		备用金			
	固定资产投入	……			
总　　计					

（二）创业资金的来源

巧妇难为无米之炊。创业需要资金，无论是购置固定资产、引进人力资源还是构建营销渠道等都需要资金的投入，否则只能是纸上谈兵。

创业之前，创业者必须结合创业计划合理确定资本结构与资金需求数量，并切实筹集到所需数量的资金,才可以正式开始创业。只要有一个环节的资金不能足额到位,即便再伟大的创业项目也将面临断炊的风险。因此,资金在创业中具有不可或缺的重要作用。通常,创业资金的来源有以下几种。

1. 家庭积蓄

调查数据显示,目前近七成已创业在校大学生的主要资金来源是家庭积蓄。这是创业者最先可以筹措到的资金,但往往资金量比较小,无法满足企业发展需求。

2. 亲友借款

亲戚和朋友一般是创业者融资的第二渠道。创业者一般凭借个人信用及亲友对其的信任,向亲友介绍创业项目,从而获得创业资金支持。此类筹款可以采取借贷方式,也可以采用让亲友入股的形式来获得资金。这部分资金相对来说较容易筹集,但必须以信用为基础。创业者要和亲友约定借款是否有利息、利息是多少;对方要求入股的,要明确彼此的权利和义务,对方有多少股权,是否参与企业管理。要做到"亲兄弟,明算账",以免出现纠纷,既影响企业发展,又影响亲友感情。

3. 银行贷款

企业发展中资本的需求量较大时,可以采用银行贷款的方式。但银行贷款风险较大,再加上新创企业本身实力不强,创业者缺乏经营经历,也缺乏信用积累,因而企业在向银行申请贷款时,银行通常会进行严格审查。银行贷款的方式有几种,如质押贷款、抵押贷款、保证贷款。

大学生创业贷款是银行等资金发放机构对各大学生发放的无抵押、无担保的信用贷款,值得我们关注。

拓展阅读 7-5

1. 银行对创业贷款申请者的要求

(1) 有身份及经营场所证明。贷款申请人必须具备合法有效的身份证明和在贷款行所在地合法居住的证明,以及固定的住所或经营场所。

(2) 有资金证明。贷款申请人的投资项目已经有一定的自有资金。

(3) 有结算账户。贷款申请人必须在贷款银行开立结算账户,营业收入要经过银行结算。

(4) 有贷款担保。贷款申请人需要提供一定的担保,有房产抵押、存单质押及第三方担保三种形式,还要尽可能提供一些自己的信用状况、还款能力及贷款投资方面的信息给银行。

2018 年财政部、人力资源和社会保障部、中国人民银行发布通知,扩大贷款对象范围,降低贷款申请条件,放宽担保和贴息要求。通知明确,除原规定的创业担保贷款对象外,将农村自主创业农民纳入支持范围。将小微企业贷款对象范围调整为当年新招用符合创业担保贷款申请条件的人员数量达到企业现有在职职工人数 25%(超过 100 人的企业达到 15%)并与其签订 1 年以上劳动合同的小微企业。

7

2. 创业贷款申请者需提供的资料

符合创业担保贷款条件的创业人员向市场主体注册所在地、创业经营场所所在地或户籍所在地的有关承办单位提出申请。同时应提供：

（1）身份证明材料（如身份证、普通高校毕业生证明）；

（2）就业状况材料（如就业创业证）；

（3）婚姻家庭情况材料（如结婚证、居住地址）；

（4）经营情况（如营业执照、场地租赁协议、税务登记证明）；

（5）担保情况（如反担保人材料、反担保证明）；

（6）承办单位要求的其他材料。

具体经办流程可咨询当地人力资源和社会保障部门。

4. 政策扶持资金

针对大学生自主创业，除了国家的扶持政策，各地也出台了相关的扶持、优惠政策，以鼓励大学生自主创业。国家、地方提供的创业扶持基金也是许多大学生的创业资金来源之一。

5. 吸收直接投资

根据"共同投资、共同经营、共担风险、共享收益"的原则，直接吸收国家、法人、个人、合伙创业者和外商投入的资金，这种筹资方式称为吸收直接投资。吸收直接投资是非股份制企业筹集权益资本的基本方式。投资方的出资形式多样，包括以货币资产出资、以实物资产出资、以土地使用权出资、以工业产权出资等。以这种筹资方式筹集的资金属于自有资金，一定程度上能强化企业的信用和借款能力。大学生创业者在创业初期，可以适当引入一些有实力、与创业者经营理念相近且能够为投资项目提供帮助的投资人。这种方法不仅可以有效筹集到资金，而且有利于对各种资源的利用和整合。

6. 争取风险投资

风险投资一般指的是向极具增长潜力的新创企业提供投资并参与其管理的投资方式。创业者需要较多资金时，可通过出让一部分股权给风险投资人的方式，获得相应的资金投入。风险投资人在新创企业发展到一定规模时，出卖自己拥有的股权获取收益，而后再进行下一轮投资。知名企业一般都曾有过获取风险投资的经历，这些风险投资也帮助企业弥补了初创时期的资金缺口，推动了企业的发展。当然，获取风险投资并不容易，风险投资人会对创业者、创业项目、市场前景等多方面因素进行严格考察。

四、办理注册登记

（一）名称预先核准

企业名称具有排他性，只能专用。名称预先核准是办理企业注册登记的前置程序，这有利于申请人专用的企业名称受到法律保护，不被其他企业重用或假冒、盗用。《工商总局办公厅关于实行总局企业名称核准全程电子化的通知》（办字〔2015〕142号）要求：办理企业名称核准，必须登录申报系统，填报企业营业范围和拟定的企业名称等相关信息,如果系统判定拟定的企业名称可使用,就可上传法人资格证明或自然人身份证明或投资人资格证明,系统会自动生成企业名称预先核准申请书,通过核准就可以获取企业名称网上预先核准告知书。

拓展阅读 7-6

企业名称是企业的名片,一般由行政区划名称＋字号(商号)＋行业或经营特点＋组织形式组成。如"漳州(行政区划)片仔癀(字号)药业(行业)股份有限公司(组织形式)"。字号(商号)是企业名称的核心内容。

企业名称是企业的标志,具有识别功能。好的字号可以表达企业的属性、特质,加深消费者的记忆,增进消费者的认同。给企业命名是企业实施品牌管理战略、实现品牌扩张目标、准确全面构建品牌形象的关键一步。通常,企业名称应该符合以下要求。

(1)符合时代潮流,充分考虑市场开拓的便利性、当地历史文化、民族文化及吉祥文化,致力于挖掘企业名称的文化底蕴。

(2)力求创新,与众不同。企业名称要新颖、不落俗套;要有独特风格、体现创新精神;要强调企业个性,强化差异感,凸显标志性和识别功能,产生令人过目不忘的效果。

(3)简短明快,发音响亮。企业字号力求字数少(以三四个字为最佳)、笔画少、字形结构合乎美学原则,便于书写;字义和谐、易读易记、朗朗上口、读音优美,符合社会的语言习惯。"少、短、响"是成功的企业字号的特点,"华为""大疆""娃哈哈"都是字号短且响亮的典范。

(4)企业名称应给人以美感。好的企业字号,有文化底蕴,更容易让消费者感到放心惬意。

(二)办理营业场所证明

以自有场所作为经营场所的,应当提交自有场所的产权证明复印件;租用他人场所的,应当提交租赁协议和场所的产权证明复印件;无法提交经营场所产权证明的,可以提交市场主办方、政府批准设立的各类开发区管委会、村居委会出具的同意在该场所从事经营活动的相关证明。

(三)编写企业注册相关文件

新企业工商注册需向所在地市场监督管理部门提交相关文件。创业者应根据所选择的企业组织形式的具体要求,填写各种登记表,编写合伙协议、公司章程、发起人协议等相关文件。

1.合伙协议的编写

合伙协议是依法由全体合伙人协商一致、以书面形式订立的合伙企业的契约。

通常,合伙协议应当载明下列事项:① 合伙企业的名称和主要经营场所的地点;② 合伙目的和合伙企业的经营范围;③ 合伙人的姓名及其住所;④ 合伙人出资的方

7

式、数额和缴付出资的期限;⑤ 利润分配和亏损分担办法;⑥ 合伙企业事务的执行;⑦ 入伙与退伙的方法;⑧ 合伙企业的解散事由与清算方法;⑨ 违约责任。合伙协议还可以载明合伙企业的经营期限和合伙人争议的解决方式。合伙协议经全体合伙人签名、盖章后生效。

2. 公司章程的编写

公司章程是指公司依法制定的,规定公司名称、住所、经营范围、经营管理制度等重大事项的基本文件。作为公司组织与行为的基本准则,公司章程对公司的成立及运营具有十分重要的意义,它是公司成立的基础,也是公司赖以生存的依据。它是公司设立的最重要文件,同时也是公司对外进行经营、交往的基本法律依据。公司章程一经生效,即产生法律约束力。《中华人民共和国公司法》(以下简称《公司法》)规定,设立公司必须依法制定公司章程,公司章程对公司、股东、董事、监事、经理具有约束力。

公司章程是股东共同意见的表示,它与《公司法》一样,肩负调整公司活动的责任。

(1) 有限责任公司章程。有限责任公司章程由股东共同制定,经全体股东一致同意,由股东在公司章程上签名、盖章。《公司法》规定,有限责任公司的章程必须载明下列事项:① 公司的名称和住所;② 公司的经营范围;③ 公司的注册资本;④ 股东的姓名和名称;⑤ 股东的权利和义务;⑥ 股东的出资方式和出资额;⑦ 股东转让出资的条件;⑧ 公司机构的产生办法、职权、议事规则;⑨ 公司的法定代表人;⑩ 公司的解散事由与清算办法以及股东认为需要规定的其他事项。

(2) 股份有限公司章程。股份有限公司章程中应载明下列主要事项:① 公司的名称和住所、公司的经营范围;② 公司设立的方式、股份总数,每股金额和注册资本;③ 发起人姓名或者名称、认购的股份数;④ 股东的权利和义务,董事会的组成、职权、任期和议事规则;⑤ 公司的法定代表人;⑥ 监事会的组成、职权、任期和议事规则;⑦ 公司利润的分配方法;⑧ 公司的解散事由与清算办法;⑨ 公司的通知和公告办法;⑩ 股东大会认为需要规定的其他事项。股份有限公司章程由发起人制定,经出席创立大会持表决权的认股人表决通过。

公司章程缺少上述必备事项或章程内容违反国家法律法规规定的,公司登记机关应要求申请人进行修改;申请人拒绝修改的,应驳回公司登记申请。

3. 发起人协议的编写

发起人协议指发起人之间就设立公司的事项所达成的明确彼此之间权利义务关系的书面文件。《公司法》规定,股份有限公司发起人应当签订发起人协议,明确各自在公司设立过程中的权利和义务。发起人协议应当载明下列事项:① 各发起人的基本情况;② 公司名称和住所;③ 公司经营范围;④ 股本总额;⑤ 各发起人认购的股份份额;⑥ 各发起人权利义务;⑦ 公司筹办事项;⑧ 违约责任;⑨ 协议的修改与终止条件。

(四)工商注册登记

工商注册登记是法定程序。根据相关法律法规的规定,工商注册通常包括申请、受理、审查、核准发照四个阶段。相关登记指南和管理办法在国家市场监督管理总局官网上都有详细介绍。

1. 个体工商户的设立登记

公民要设立个体工商户,应当向经营场所所在地登记机关申请注册登记。申请人应当提交个体工商户注册登记申请书、身份证明、经营场所证明,以及国家市场监督管理总局规定提交的其他文件。

个体工商户登记事项包括经营者姓名和住所、组成形式、经营范围和经营场所。个体工商户使用名称的,名称作为登记事项。个体工商户的字号名称在申请登记管辖机关范围内的同一行业中不得重名。个体工商户的字号名称一般应体现其所属行业,字号名称前冠以区县地点,直接冠市名的必须经市级市场监督管理部门核准后方可注册登记。

2. 个人独资企业的设立登记

个人独资企业的设立条件如下。① 投资人为一个自然人。② 有合法的企业名称。个人独资企业的名称应当与其责任形式及从事的行业相符合,不能使用"有限""有限责任""公司"字样,可以是厂、店、部、中心、工作室等。③ 有投资人申报的出资。设立个人独资企业,投资人可以用货币出资,也可以用实物、土地使用权、知识产权或其他财产权利出资。④ 有固定的生产经营场所和必要的生产经营条件。⑤ 有必要的从业人员。

投资人申请设立登记个人独资企业,应当向登记机关提交下列材料:① 投资人签署的个人独资企业登记(备案)申请书;② 投资人身份证明;③ 企业住所证明;④ 投资人委托代理人的,应提交投资人的委托书和代理人的身份证明或资格证明;⑤ 法律、行政法规规定必须报经有关部门审批的业务的有关批准文件;⑥ 其他规定提交的文件。

3. 合伙企业的注册登记

合伙企业成立条件包括:① 有两个以上合伙人,合伙人为自然人的,应当具有完全民事行为能力;② 有书面合伙协议;③ 有各合伙人实际缴付的出资;④ 有合伙企业的名称;⑤ 有经营场所和从事合伙经营的必要条件。

申请设立登记合伙企业,应当向登记机关提交下列材料:① 合伙企业登记(备案)申请书;② 全体合伙人的主体资格证明(居民身份证复印件、营业执照副本复印件、事业法人登记证书复印件、社团法人登记证复印件、民办非企业单位证书复印件);③ 全体合伙人指定的代表或者共同委托的代理人的委托书;④ 全体合伙人签署的合伙协议;⑤ 全体合伙人签署的对各合伙人缴付出资的确认书;⑥ 主要经营场所证明(合伙企业主要经营场所只能有一个,并且应当在其企业登记机关登记管辖区域内);⑦ 全体合伙人签署的委托执行事务合伙人的委托书,执行事务合伙人是法人或其他组织的,还应当提交其委派代表的委托书和身份证明复印件;⑧ 以非货币形式出资的,提交全体合伙人签署的协商作价确认书或者经全体合伙人委托的法定评估机构出具的评估作价证明;⑨ 从事法律、行政法规或者国务院决定规定在登记前须经批准的经营项目,须提交

7

有关批准文件;⑩ 法律、行政法规规定设立特殊的普通合伙企业需要提交合伙人的职业资格证明的,提交相应证明;⑪ 其他规定提交的文件。

4. 有限责任公司的设立登记

投资设立有限责任公司的,须由全体股东选定的代表或者委托的代理人向公司登记机关提出申请,且满足以下条件:① 股东人数符合法律规定;② 有符合公司章程规定的全体股东认缴的出资额;③ 股东共同制定公司章程;④ 有公司名称,建立符合有限公司要求的组织机构;⑤ 有公司住所。

申请设立登记有限责任公司的申报材料包括以下内容。① 公司登记(备案)申请书。② 指定代表或者共同委托代理人授权委托书及指定代表或委托代理人的身份证件复印件。③ 全体股东签署的公司章程。④ 股东的主体资格证明或者自然人身份证件复印件。股东为企业的,提交营业执照复印件。股东为事业法人的,提交事业法人登记证书复印件。股东为社团法人的,提交社团法人登记证书复印件。股东为民办非企业单位的,提交民办非企业单位证书复印件。股东为自然人的,提交身份证件复印件。其他股东提交有关法律法规规定的资格证明。⑤ 董事、监事和经理的任职文件(股东会决议由股东签署,董事会决议由公司董事签字)及身份证件复印件。⑥ 法定代表人任职文件(股东会决议由股东签署,董事会决议由公司董事签字)及身份证件复印件。⑦ 住所使用证明。⑧ 企业名称预先核准通知书。⑨ 法律、行政法规和国务院决定规定设立有限责任公司必须报经批准的,提交有关的批准文件或者许可证件复印件。⑩ 公司申请登记的经营范围中有法律、行政法规和国务院决定规定必须在登记前报经批准的项目,提交有关批准文件或者许可证件的复印件。

5. 股份有限公司的设立登记

投资设立股份有限公司的,由董事会向公司登记机关申请,且满足以下条件:① 发起人人数符合法律规定;② 有符合公司章程规定的全体发起人认购的股本总额或者募集的实收股本总额;③ 股份发行、筹办事项符合法律规定;④ 发起人制定公司章程,采用募集方式设立的经创立大会通过;⑤ 有公司名称,建立符合股份有限公司要求的组织机构;⑥ 有公司住所。

申请设立登记股份有限公司的申报材料包括以下内容。① 公司登记(备案)申请书。② 指定代表或者共同委托代理人授权委托书及指定代表或委托代理人的身份证件复印件。③ 由会议主持人和出席会议的董事签署的股东大会会议记录(募集设立的提交创立大会的会议记录)。④ 全体发起人签署或者出席股东大会或创立大会的董事签字的公司章程。⑤ 发起人的主体资格证明或者自然人身份证件复印件。发起人为企业的,提交营业执照复印件。发起人为事业法人的,提交事业法人登记证书复印件。发起人股东为社团法人的,提交社团法人登记证书复印件。发起人为民办非企业单位的,提交民办非企业单位证书复印件。发起人为自然人的,提交身份证件复印件。其他发起人提交有关法律法规规定的资格证明。⑥ 募集设立的股份有限公司提交依法设立的验资机构出具的验资证明。涉及发起人首次出资是非货币财产的,提交已办理财产权转移手续的证明文件。⑦ 董事、监事和经理的任职文件及身份证件复印件。依据《公司法》和公司章程的规定,提交由会议主持人和出席会议的董事签署的股东大会会议记录(募集设立的提交创立大会的会议记录)、董事会决议或其他相关材料。其中股东大会会议记录(创立大会会议记录)可以与第③项合并提交;董事会决议由公司董事签字。⑧ 法定代表人任职文件(公司董事签字的董事会决议)及身份证件复印件。⑨ 住所使用证明。⑩ 企业名称预先核准通知书。⑪ 募集设立的股份有限公司公开发行股票的应提交国务院证券监督管理机构的核准文件。⑫ 法律、行政法规和国务院决定规定设立股份有限公司必须报经批准的,提交有关的批准文件或者许可证件复印件。⑬ 公司申请登记的经营范围中有法律、行政法规和国务院决定规定必须在登记前报经批准的项目,提交有关批准文件或者许可证件的复印件。

申请人可直接到当地的企业登记场所申请注册登记,也可登录当地市场监督管理局官网进行网上申请。根据企业登记程序相关规定,登记机关收到登记申请后,对申请材料齐全、符合法定形式的,准予登记,核发营业执照。

工商注册登记是新企业开办的法定程序。2018 年底,国家市场监督管理总局印发通知,决定自 2019 年 3 月 1 日起,在全国启用新版营业执照。

新版营业执照照面版式统一调整为横版,设有正本和副本,增加了二维码功能,按时启用换发。

拓展阅读 7-7

营业执照是企业取得合法经营权的凭证。营业执照的登记事项有企业名称、类型、住所、法定代表人、注册资本、成立日期、营业期限、经营范围等。

营业执照分正本和副本,两者具有相同的法律效力。正本应当置于企业住所或营业场所的醒目位置。营业执照不得伪造、涂改、出租、出借、转让。营业执照是有限公司取得企业法人资格的合法凭证。

电子营业执照是指各类经济组织的营业执照副本的电子证件,是根据《公司法》《企业法人登记管理条例》《公司登记管理条例》等有关登记注册的法律法规,以数字证书为基础,由市场监督管理部门制作、核发,载有企业注册登记信息的电子信息证书。

电子营业执照的用途有如下几种。① 身份认证。利用 PKI 数字证书技术的身份认证,依靠非对称加密算法中密钥对匹配,确保企业在互联网上的合法身份。② 电子签章。企业数

●7-3

文本:新企业
登记注册流程

7

字证书的电子签章功能可在电子文档中加上起防伪、防抵赖作用的电子签名,符合《中华人民共和国电子签名法》的相关规定,与手写签字、物理盖章具有同等法律效力。③ 办理网上工商业务。采用申报备案制的企业,可以通过企业数字证书的电子签章功能,使用保密线路上报报表,免去报送纸质材料的环节,真正实现网上年检申报。④ 网上执照验证。对领取企业数字证书的企业,可将证书中的电子营业执照导出进行认证,验证结果会在网页上显示出来,由此可以判断其电子营业执照是否真实有效。③ 电子营业执照认证。任何已申领企业数字证书的企业都可以申请在本企业的网站上粘贴工商企业认证标识,实现"网上亮照经营",以证明企业的合法身份,帮助企业树立诚信经营的形象,促进企业发展。

(五) 完成其他开办手续

1. 刻制印章

领取营业执照后,创业者须到所在地公安机关办理新企业刻制印章(包括公章、财务专用章、合同专用章、法定代表人章、发票专用章等)手续,并向公安机关提供相关文件,包括营业执照、法定代表人身份证明等,在公安机关审批后到指定的机构刻制新企业印章。完成刻制后,还须在公安机关及相应的主管部门进行印鉴备案。需要说明的是,企业的印章、牌匾、银行账户、信笺上所使用的名称与企业在市场监督管理机关登记注册的名称必须一致。

2. 开立银行账户

开立银行账户是新企业与银行建立往来关系的基础。我国相关法律规定,每个独立核算的经济单位都必须在银行开户,各单位之间办理款项结算,除现金管理办法规定的之外,均需通过银行结算。账户包括基本存款账户、一般存款账户、专用存款账户、临时存款账户,不同账户的功能各不相同。创办新企业需要开立一个临时存款账户,待新企业获得营业执照后,将该账户转为基本存款账户,也可以申请注销,另开基本存款账户。

3. 税种核定

税种核定是由主管企业的税务专管员根据企业的实际经营特点和经营范围,正确核定企业应纳税种(主要有增值税、企业所得税、个人所得税、城市建设税、教育附加税、印花税等)的活动。在确定应纳税种之后,企业就可以据此缴税。

新企业注册成立之后,应该在一个月之内完成税种核定,否则就无法进行记账报税、无法申领发票,从而导致企业无法正常运营。

4. 办理社会保险登记

根据《中华人民共和国社会保险法》,新企业注册成立后,必须办理社会保险,为员工提供"五险"——基本养老保险、基本医疗保险、失业保险、工伤保险和生育保险。新企业应当在自用工之日起 30 日内为员工申请办理社会保险登记并申报缴纳社会保险费。

单元二　经营管理新创企业

 问题导学

1. 新创企业该如何进行经营管理才能度过危险期？
2. 新创企业的管理有何特点？
3. 为什么现金流问题关乎新创企业的存亡？

案例导入

现金不足导致创业失败

小李一直想创办一家企业，专门做猪肉批发的生意，因为他所在的小镇有很多农户养猪。父母也非常支持他创办企业，让小李用家里的房子作为抵押向银行申请贷款。小李得到贷款后立即着手准备。他购买了设备和原材料，在小镇附近租了猪舍，买了办公设备、现代化的制冷设备、新的厢式货车，还在货车门上喷涂了猪场的标志。他认为，精良的设备能帮助企业树立良好的形象，也有助于吸引更多的客户。小李很快投入繁忙的创业工作中。由于猪肉的需求量很大，他夜以继日地工作，客户对他也比较认可。不幸的是，小李用于还款的现金非常紧张，到年底时，他拥有的现金严重不足，无法支付欠款。于是，银行冻结了他的账户，并要求其必须如期偿还所有贷款。小李没办法，不得不宣布自己的猪场破产。

小李的猪场倒闭，直接原因是现金流出现了严重问题，无力支付到期的应付贷款；根本原因在于小李开业前没有对启动资金做出正确的预算，非必要、非理性投资过多，挤占了有限的流动资金，导致经营失败。

因此，新创企业的经营管理非常重要，再好的创业项目，由不懂经营管理的人来运作也会失败。

一、依法经营

（一）依法规范经营

改革开放以来，我国高度重视市场经济法律体系建设，目前已经形成中国特色社会主义市场经济法律体系，从市场主体、市场行为再到市场监管，市场经济的每个环节都有专门的法律予以规范。这些法律具有权威性、强制性、公平性的特征，是企业经营行为的准则，不仅对企业经营行为具有约束作用，而且对企业的运营与发展具有保护作用。

企业是最基本的市场主体,创业者必须将企业的经营行为纳入法律监管框架,真正做到外讲信用,内讲制度;依法经营,依法管理;规范市场运作,依法处理经济纠纷。这是完善社会主义市场经济的必然要求,也是企业健康发展的重要保证。要做到依法经营,创业者就必须熟悉和掌握与企业经营相关的法律,如《中华人民共和国消费者权益保护法》《中华人民共和国反不正当竞争法》《中华人民共和国产品质量法》《中华人民共和国环境保护法》《中华人民共和国民法典》《中华人民共和国劳动合同法》《中华人民共和国税收征收管理法》。

依法规范经营是企业生存和发展的重要基础和保障。在全面推进依法治国的大背景下,对于市场主体而言,法律是不可逾越的底线,一旦违法就要受到相应的惩罚,付出沉重的代价。在社会主义市场经济条件下,依法经营、守法经营是对企业自身最有效的保护。因此,创业者一定要牢固树立法治意识,依法经营。企业在日常的经营管理过程中,必须重合同、守信用,必须严格遵守国家法律,坚决摒弃靠踩红线牟利和发展的错误思想,坚持用法治思维和法治方式开展经营管理,这样才能为自身的持续健康发展提供保障。

(二)照章纳税

税收是国家凭借政治权力或公共权力对社会产品进行分配的方式,它在保证和实现财政收入,维护国家政权,调节社会生产、交换、分配和消费,监督经济活动,促进社会经济的健康发展等方面起着十分重要的作用,具有无偿性、强制性、固定性的特征。

创业者经营企业必须依法纳税,全面履行纳税义务。新创企业无论有无经营收入,无论是否享受税收减免,都应在规定的申报期限内办理纳税申报。

《中华人民共和国税收征收管理法》规定,从事生产、经营的纳税人应当在自领取营业执照之日起 30 日内,持营业执照副本或者其他核准执业证件,向生产、经营地或者纳税义务发生地的主管税务机关申报办理税务登记。

从 2016 年 4 月 1 日起,小规模纳税人可以按季申报,定期定额的个体工商户营业办理批量扣税则可以以征代报。未发生实际业务也需按期申报。

创业者自领取税务登记证件之日起 15 日内,需将财会制度或财会处理方法报主管税务机关备案。使用计算机记账的,需将会计核算软件、使用说明书和相关资料报送主管税务机关备案。

小贴士 7-3

国家税务总局12366 纳税服务平台是一个依托"互联网+"打造的网上纳税便民服务平台,纳税人足不出户,即可通过互联网平台向电子税务局发起业务申请,办理缴税、取票等事项。平台创新实名认证方式,提供线上认证途径。线上认证与公安、银联等部门进行信息比对,免予提交纸质资料,实现实名认证便捷办税,实现"一次身份确认,终身便捷办税"。平台具有发票业务网上办理、轻松一点简易申报、智能辅助快税导航三大功能,具有线上业务全覆盖、指挥监控全覆盖、运维体系专业化三大特色。

纳税人自设立基本存款账户或其他存款账户之日起 15 日内,应向主管税务机关书面报告其全部账号。如有变更,应在自变更之日起 15 日内向主管税务机关书面报告。

依法办理税务登记的单位和个人在领取税务登记证件之后,向主管税务机关申请领购发票之前,或已核定发票票种的纳税人需变更领购发票种类、限额等信息时,可提出票种核定申请,主管税务机关审核后,对纳税人申请领购发票的票种、数量和购票方式进行核定,并发放发票领购簿。

如果企业需要办理一般纳税人资格,使用增值税专用发票,达到一般纳税人的相关条件后到办税服务厅登记即可。

二、新创企业的经营管理策略

(一) 以踏踏实实的心态做产品

创业者在做产品的时候,一定要保持踏踏实实的心态,把产品做好,让消费者放心。创业的路上充满了艰辛,唯有踏实认真、稳扎稳打,走好每一步,才能为创业成功打下基础。创业者要想获得成功,不是靠做了多少事,而是靠做成了多少事,尤其是在产品方面,一定要保障质量。只有产品出色,企业才具有竞争力,才能在市场中获得胜利。在现实生活中,创业者应当在团队中发扬实事求是的精神,提倡脚踏实地、干实事、求实效的作风,树立眼见为实、从实际出发的观念。如果能够真正围绕"实"字做文章,产品的质量自然就有了保障。

(二) 低成本战略不能牺牲产品品质

很多创业者将低成本战略作为企业在市场竞争中制胜的关键武器。需要注意的是,低成本不等于低品质。创业者只有不断提升自己企业的核心技能和竞争力,才能应对市场竞争环境的不断变化。尽管成本与品质向来被认为是密切关联的,但是,成功的创业者总是能够寻找两者的平衡点:低成本并不以牺牲品质为代价,高品质也不是高成本的借口和理由。抓住项目的本质才是最重要的。对于创业者而言,提升企业产品的竞争优势只有一条路可走:在提升产品品质的同时降低产品成本,从而降低产品价格。只有这样,才能保证企业在市场中永远处于主动和领先地位。

三、人力资源管理

企业最重要的资产是它的员工,充足的人力资源是企业成长的根本动力。

创业初期,新创企业的人力资源管理存在着某些优势:① 由于企业规模小,组织结构层次简单,决定权在创业者手中,决策程序简单;② 决策与执行环节少,使得决策集中高效,执行快速有力,能够对市场变化迅速做出反应;③ 新创企业的人财物、产供销、机构设置、生产方式、经营形势、利益分配、规章制度及人员使用都由创业者自主决定,尤其是在用人机制上,创业者有充分的用人自主权,能够吸引大批人才加盟。

然而,新创企业也比较容易形成以创业者自我为中心的个人管理模式,出现缺乏完整的人力资源计划,过度集权,人员招聘随意性较强,很少对员工进行培训,只注重直接薪酬而忽视间接薪酬的激励作用,忽视对人才的职业生涯管理等问题。

为了长远的发展,新创企业必须制定科学合理的人力资源管理制度。

(一) 高度重视人力资源管理工作

创业者应根据企业的发展规划,预测企业的人力需求,建立人员配置的框架,开展职务编制、员工招聘、培训开发等工作,并为招聘、选拔、培训、薪酬、晋升、解聘等制定具体的标准。新创企业应该积极对人力资源进行投资,如改善员工的工作环境,设计合理的薪资福利体系,举办提升员工能力的培训活动,真正实现以人为本的管理目标。

(二) 增强对优秀人才的吸引力

新创企业在创业期存在人力资源投入能力低与对优秀人才需求大的矛盾,因而,如何在投入不足的情况下吸引企业所需要的优秀人才成为新创企业面对的一个难题。在这种情况下,新创企业可以根据自身的特点,通过以下三种方式增强对优秀人才的吸引力。

(1) 以风险收入和远期收入吸引优秀人才。新创企业如果不能支付高额的薪酬来吸引所需的人才,那么可以考虑通过风险收入和远期收入来吸引优秀人才,例如让其通过投资入股或给予其股票期权。这样不仅可以增强对优秀人才的吸引力,还可以把他们的利益和企业的利益结合在一起,激发员工的工作热情和积极性。

(2) 重视企业员工的职业生涯规划,以良好的职业前景和有挑战性的工作吸引人才。新创企业的规模不大、分工宽松,可以为员工提供更为丰富的工作内容、较大的发展机会和成长空间、较短的上升周期。成功的职业生涯规划能将员工自身的发展和企业的成长有机结合起来,使员工在追求自身发展的同时推动企业发展。

(3) 充分发挥创业者的人格魅力、创造力和影响力,以此吸引优秀人才。

四、财务管理

(一) 制定好财务规章制度

财务规章制度是企业的命脉。在设计新创企业财务规章制度时,要尽量全面考虑可能遇到的问题。新创企业的财务规章制度必须包括现金管理制度、支票管理制度、项目费用申请及报销制度、报销时间及报销凭证制度等。

在确保其内容全面、细节到位的前提下,还要注意做到以下几点。

1. 岗位职责权限要明确

要建立会计人员、出纳人员、专用印章保管人员、稽核人员、会计档案保管人员及货币资金清查人员等岗位的责任制度。资金的收付及保管应由出纳人员负责,其他人员不得接触。资金收支的专用印章不得由一人兼管。

2. 不相容职务要分离

不相容职务如果由一个人担任,既可

能发生错误和舞弊行为,又让其有了掩盖其错误和舞弊行为的空间。这些不相容职务不能由一人兼任,而必须由多个人员合理分工、共同负责。

3. 授权批准不能少

企业内部的各级管理人员必须在授权范围内行使职权和承担责任,经办人员也必须在权限范围内办理业务。

创业初期,创业者可以先按照上述要点和原则逐步完善财务管理制度,建立起财务管理制度体系。制度的建设一定要与企业的规模发展同步,不要一味追求完美,甚至完全照搬大公司的规章制度。否则由于整体管理制度的不配套,执行起来往往流于形式,浪费人力和物力,得不偿失。

(二)管理好企业的现金流

现金流对新创企业而言不可或缺,现金流是企业生存和运作的血脉,创业者要高度重视,用好现金预算工具,做好现金流管理工作。要合理规划、控制企业现金流,注重流动性与收益性的权衡。现金的持有可以使企业具有一定的支付能力,但库存现金的收益率为零,银行存款的利率也极低。因此,持有现金资产越多,持有成本越高。如果减少现金的持有量,将暂时不用的现金投资于债券、股票或短期项目,可以增加收入,降低现金持有成本,但会产生交易成本,容易出现现金流不足的问题。创业者要在保证流动性的基础上,尽可能降低现金持有成本,提高收益。

(三)控制好企业的成本

创业初期,创业者要学会控制成本,减少不必要的开支。降低成本意味着利润空间的扩大,而利润决定着企业的发展。所以,控制成本对新创企业来说非常重要。在微利时代,控制成本成了企业的必然选择,很多世界顶级公司的管理者都深知成本的降低对于企业的意义。在市场竞争日益激烈的今天,节约不仅是一种美德,更代表了企业的竞争力。大多数成功创业的企业都有严格的成本控制流程。成本控制是一个复杂的系统学科,对于创业者来说,具有成本控制的观念是很重要的,应采用各种方法,在日常费用、设备采购、人员工资、营销推广等各个环节尽可能节约成本。

创业者要科学合理地筹措、调度、使用资金,既不能囤积,又不能流失,要把好钢用在刀刃上;要严格控制资金外借,对重大资金的使用或超出营业范围的资金使用应做好审批,对企业部门之间的资金调剂也应按经济规律办事;负债经营的企业,一定要在增加创收的基础上,尽可能加快还本付息的步伐,逐步减少利息支出,使企业轻装前进。

课堂活动 7-2

课 堂 讨 论

刘先生经营着一家中式酒楼,在餐饮行业已不算新手。一个偶然的机会,刘先生了解到市中心的一个临街酒楼门面正在转让。多年经商的直觉告诉刘先生,那个位置不错,如果经营得当,应该是一个不错的机会。

7

　　刘先生没有丝毫犹豫,当即拍板买下了该门面,然后组织人员对周边市场进行了详细的调查分析。在这个店面附近有两家和刘先生目前所经营的酒楼同档次的餐厅,如果再进驻,刘先生觉得胜算不是很大。结合商圈所在区域属性、人员结构及消费能力等的综合评估,刘先生觉得开一家火锅店应该会很火。

　　刘先生凭着多年积累的经验,按照火锅店的布局和要求装修了该店面。但问题很快就出现了:负责施工的人员反映电力供应不足,不能满足中央空调和餐台电磁炉的供电要求;如果考虑电力增容,其价格将相当高,也达不到核定要求。刘先生只得改用分体空调,使用液化燃气作为餐台的燃料。

　　总算一切就绪,火锅店开业后也如刘先生预期设想的那样,生意很不错。但之后,当地一火锅店发生的液化气爆燃事件给刘先生的生意造成了沉重的打击。在接下来的一段时间里,当地消防部门开始对使用液化气的火锅店进行专项整治。"守着'炸弹'吃饭"的媒体报道让顾客对液化气心有余悸,也使得刘先生的火锅店遭遇了重大挫折。刘先生好生懊恼,后悔莫及。

　　讨论:刘先生的火锅店为什么会出现问题?

思 考 与 练 习

（一）回顾总结

1. 通过本专题的学习，我懂得了：＿＿＿＿＿＿＿＿＿＿＿＿＿＿＿＿＿＿

＿＿＿＿＿＿＿＿＿＿＿＿＿＿＿＿＿＿＿＿＿＿＿＿＿＿＿＿＿＿＿＿＿＿

＿＿＿＿＿＿＿＿＿＿＿＿＿＿＿＿＿＿＿＿＿＿＿＿＿＿＿＿＿＿＿＿＿。

2. 通过本专题的学习，我掌握了：＿＿＿＿＿＿＿＿＿＿＿＿＿＿＿＿＿＿

＿＿＿＿＿＿＿＿＿＿＿＿＿＿＿＿＿＿＿＿＿＿＿＿＿＿＿＿＿＿＿＿＿＿

＿＿＿＿＿＿＿＿＿＿＿＿＿＿＿＿＿＿＿＿＿＿＿＿＿＿＿＿＿＿＿＿＿。

（二）案例分析

小周大学毕业后，准备成立一家个人独资企业，开始自主创业。他选择的创业项目是加工、安装不锈钢防盗门窗。经过仔细的市场调查和分析，他准备购买：电焊机一台3 500元，手电钻一个300元，切割机一台480元，氧气瓶一个800元，乙炔瓶一个1 000元，电动三轮车一辆及其他手动工具共5 000元。此外，还有店铺租金每月3 000元，注册登记费、交通费200元，一名电焊工每月工资5 000元，小周自己每月工资8 000元。除以上开支，每月还需要加装氧气一瓶80元、乙炔一瓶100元，保险费25元，水电费300元，通信费100元，物业卫生费60元，广告费100元，设备折旧150元，维修费60元。在现金流方面，小周还预计需留足三个月的备用金。

请你预测小周创办这一个人独资企业，需要启动资金多少万元。

（三）课后实践

选择一家已正式运营的企业，就其企业组织形式选择、经营地点选取、字号确定、经营管理等方面进行调研，并形成书面调研报告。

7

专题八
创业风险

引导语

　　同学们,你们已经学会如何组建创业团队和制订创业计划了,在即将迈出创业脚步的时刻,面对风险与机会并存的商业环境,你倾向于见招拆招,还是未雨绸缪？或许你了解很多创业案例,正在思考创业过程中要如何应对市场竞争,如何保持现金流畅通,如何成功度过初创企业的"死亡"高发期等问题。

　　通过本专题的学习,同学们可以了解创业风险的来源和特征,了解防范和化解创业风险的基本方法,以及管控创业风险的基本流程,学习如何通过风险识别、风险评估、风险预警、风险预防和应对、风险管控效果评估等步骤对创业风险进行管控。

 学习目标

　　1. 了解创业风险的来源和特征、防范和化解创业风险的基本方法。

　　2. 能灵活根据创业风险的管控流程进行信息的获取、筛选和处理,培养主动发现问题、解决问题的能力。

　　3. 培养风险防范意识和信息意识。

单元一 认识创业风险

 问题导学

1. 是否存在没有任何风险的创业项目？

2. 既然风险具有不确定性，那么是否应该提前进行风险评估、制定应对策略，并持续监测，以便在风险实际发生时迅速、有效地做出反应呢？

3. 有人说，风险对于创业收益有负面影响，但如果能正确认识并充分利用风险，反而会使风险在很大程度上得到控制，并转化为新的创业机会。你同意这种说法吗？为什么？

案例导入

两次失败的创业经历

程曦毕业于艺术设计专业，大学时曾先后做过校园手机卡、轮滑鞋的销售代理，参加过某民办学院的招生宣传工作，出售过自制的小工艺品，还在一大型综合商场从事过宣传推广及促销工作，有着丰富的社会实践经历。早在大二时，程曦便开始了自己的第一次创业，投资一万多元和别人合伙开了一家奶茶店。她本想挣些钱，为家里减轻经济负担，自食其力，可由于对合伙人的能力、个性和价值观认识不足，两人不久便产生了矛盾。由于双方互不让步，这次合作很快以失败告终，不但没有盈利，反而亏损了 4 000 多元。这次创业失败的经历对程曦打击很大。一年之后，她又投资 6 000 多元，在大学城开了一家画室，专门从事美术类高考考生的考前培训业务。尽管程曦本人热爱美术，也很有创业激情，但由于市场竞争激烈，招生困难，不久，画室又难以维持，只好关门歇业。

接连两次创业失败，程曦才真正认识到了"创业有风险，投资需谨慎"的道理。

在信息化、全球化不断加速的时代大背景下，资本、技术、人才、商品流动不断加快，自主创新持续推进，创业项目诸要素的关系也日益复杂。大学生的创业之路更加曲折，新创企业面临比以往更多、更大的风险。因此，对创业者来说，在创业过程中需要不断预防风险、识别风险、规避风险，加强对创业风险的管理。只有尽量防范和化解风险，才能提高创业的成功率。

一、创业风险概述

（一）风险的概念

所谓风险，是指在某一特定环境、特定条件、特定时间段内，某种损失发生的可能性，由风险因素、风险事故和风险损失等要素组成，其核心含义是"未来的不确定性或损失"。实践证明，风险是可以事先预见的，并可以根据其发生的概率预先采取相应的对策，进而防范、化解或规避风险。

> **拓展阅读 8-1**
>
> 有这样一种说法：在古代，渔民每次出海前都要祈祷，祈祷的主要内容就是请求神灵保佑，在出海时风平浪静，自己能平安归来。渔民在长期的捕捞实践中，深刻地体会到"风"给他们带来的难以预测、无法确定的危险，逐渐认识到，在出海捕鱼的过程中，"风"即意味着"险"，因此有了"风险"一词。

（二）创业风险及其分类

1. 概述

创业风险特指在创业过程中存在的各种不确定性。具体来说，创业环境的不确定性，创业机会与创业企业的复杂性，创业者、创业团队与企业经营管理者能力与实力的有限性，都可能导致创业活动偏离预期目标的可能性及不良后果。

2. 分类

（1）按风险来源的主客观性划分，风险可分为主观创业风险和客观创业风险。主观创业风险是指在创业过程中，创业者自身的心理素质等主观方面的因素导致创业失败的可能性。客观创业风险是指在创业过程中，市场变化、政策变化、创业资金缺乏等客观因素导致创业失败的可能性。

（2）按风险影响的对象划分，风险可分为系统风险与非系统风险。系统风险主要指创业环境中的风险（市场变化、政策法规等方面的风险）；非系统风险主要指创业团队自身的风险（决策、创新、融资、管理、团队等方面的风险）。

（3）按风险的可控程度划分，风险可分为可控风险和不可控风险。可控风险是指风险影响因子与结果可以被规避与防范的风险，比如资金风险、团队风险；不可控风险是指风险影响因子与结果不受创业者掌控的风险，比如自然灾害、国际经济环境改变带来的风险。

（4）按创业过程划分，风险可分为机会识别与评估风险、准备创业计划的风险、确定并获取创业资源的风险、新创企业的管理风险等。① 机会识别与评估风险指在创业机会识别与评估过程中，各种主客观因素（如信息获取量不足、把握不准确）使创业一开始就面临的方向错误的风险。另外，由于创业而放弃了原有的职业等机会成本风险也是该阶段存在的风险。② 准备创业计划的风险专指创业计划准备过程中的风险。创业计划往往是投资人决定是否投资的依据，因此创业计划是否合适将对具体的创业活动产生影响。创业计划准备过程中各种不确定性因素与制订者自身能力的限制,也会给创业活动带来风险。③ 确定并获取创业资源的风险是指由于存在资源缺口,无法获得所需的关键资源;或即使可获得,但获得的成本较高而给创业活动带来的风险。④ 新创企业的管理风险主要包括管理方式、企业文化、发展战略,以及组织、技术、营销等各方面管理中存在的风险。

(5) 按风险对所投入资金即创业投资的影响程度划分,风险可分为安全性风险、收益性风险和流动性风险。① 安全性风险是指从创业投资的安全性角度来看,预期实际收益有损失的可能,投资人与创业者自身投入的其他财产也可能蒙受损失,即投资人财产的安全存在危险。② 收益性风险是指投资人的其他财产不会蒙受损失,但预期实际收益有损失的可能性。③ 流动性风险是指投资人的资本、其他财产以及预期实际收益不会蒙受损失,但资金有可能不能按期转移或支付,造成资金运营的停滞,使投资人蒙受损失的可能性。

(三) 创业风险的特征

尽管不同的创业者、不同的创业项目可能遭遇的风险各不相同,创业风险种类繁多并交织存在于整个创业过程中,但创业风险具备某些共同特征。了解这些特征,有助于创业者更好地认识、预测创业过程中存在的各种风险。

创业风险通常具有以下特征。

1. 客观性

创业风险始终伴随整个创业过程,不以人的意志为转移,没有办法完全消除。创业风险的存在是客观的。可以说,创业本身就是一个识别风险和应对风险的过程。创业风险的客观性要求创业者在新创企业管理的过程中正视创业风险的存在,并以积极的态度妥善应对、规避、防范和化解创业风险。

2. 不确定性

创业风险发生的时间、地点及造成的损失程度是不确定的,处于不断变化之中。创业过程极其复杂,影响创业成功的因素多种多样且总是处于不断的变化和发展之中。这些因素导致了创业风险不确定性的特征。

3. 双重性

创业活动的结果存在成功与失败两种可能性,任何创业活动都是风险与机遇并存的。风险就像一把双刃剑,创业者如果能正确认识并且充分利用风险,不仅能使风险在很大程度上得到控制,而且可以将其转化为新的创业机会。因此,创业者对待风险时不应消极地预防,更不应惧怕,而是要敢于面对风险,并在同风险作斗争的过程中将其转变为机会,赢得市场,争取创业成功。

4. 特殊性

尽管创业风险具有普遍性,但对于具体的创业者来说,其遭遇的创业风险又具有一定的特殊性。不同的创业者所面临的具体创业风险通常是不一样的。例如,就创业资金而言,拥有足够的创业启动资金的创业者和依靠借贷获取创业资金的创业者承担的风险就不一样。创业风险的特殊性还体现在,同一创业者选择不同项目时所遇到的创

8

业风险不同;同一创业者在经营同一项目时,在不同时期遇到的创业风险也不同。

5.可预测性

对于某个创业者或者某个具体的创业项目而言,创业风险可能是不可预测的,但对创业风险在一定时期内发生的概率和损失率,总能够根据概率论原理和创业的一般规律进行预测。因此,通过对客观环境的观察和分析,创业者是能够对创业风险进行正确预测的。

6.相关性

创业风险与创业者的经营行为密切相关。同一创业风险事件对不同的创业者会产生不同的影响;同一创业者做出的决策或应对的策略不同,也会产生不同的结果。创业风险的相关性,说明某些创业风险是可以预防的。这需要创业者在做决策时务必考虑周详,对前因后果进行准确预判,尽量避免损失。

二、创业风险的来源

创业环境的不确定性,创业机会与新创企业运行的复杂性,创业者、创业团队与创业投资人的能力的有限性是创业风险的根本来源。研究表明,创业过程往往是将某一构想或技术转化为具体的产品或服务的过程,这个过程中存在以下几个基本的、相互联系的创业风险来源。

(一)项目选择失误

有的创业者选择创业项目时未经过认真、细致的市场调研,凭借主观想象贸然选择创业项目,这是导致创业偏离预期目标的主要原因。在市场定位、进度安排和市场环境判断几个关键点上,创业项目选择必须经得起市场检验,不是想做什么项目都可以的。缺少深入的市场调研,极易导致项目选择失误、市场把握不准、项目进度安排不妥等一系列问题,使创业在一开始就存在方向性、全局性错误,极有可能导致创业活动中途天折。

大学生往往资金实力较弱,宜选择启动资金不多、人手配备要求不高的项目,从小本经营做起。

拓展阅读 8-2

在2022年中国连锁TOP100中,永辉超市排名第四。曾经的永辉超市因发现传统超市果蔬多为耐存储品类,不符合中式家庭生活习惯,果断将生鲜农产品引进现代超市,使生鲜区占50%以上面积,被官方誉为中国"农改超"的开创者。但近年来,永辉超市成了众人眼中盲目创新的典型。

永辉超市试图寻找传统超市模式创新路径,推出"超级物种",主打"高端超市+生鲜餐饮+O2O"的体验式消费,被普遍认为是对标盒马的产物。借助"新零售"的热潮,"超级物种"吸引了许多大资本的投资,迅速在全国铺开,布局了近60家门店。但不到一年,"超级物种"门店就多次关店调整。不到四年时间,由于成本太高,盈利困难,"超级物种"逐渐退出了永辉超市的核心。

8

永辉超市主要经营大店业态,供应链打造、商品结构、客群定位等都偏向大众消费,而尝试小店模式的"超级物种",由于其"高端超市+餐饮"的模糊定位,未能成功构建起盈利模式。永辉超市接连推出的"永辉Mini"和"前置仓"等都草草收场,其中的问题也与之类似:只关注风口,却忽视了顾客。

（二）运作资金紧缺

无法适时筹集和供应资金而导致创业失败的情况较为普遍。调查数据表明,资金紧缺导致创业项目运作中断或者经营失败的案例占所有创业失败案例的68.6%。运作资金紧缺成为一道创业者难以逾越的关卡。当今社会,"空手套白狼"的创业奇迹越来越少,可以说,资金风险贯穿创业活动的始终。对于新创企业而言,资金紧缺是最为普遍的问题,如果得不到及时解决,极易造成项目夭折。处于发展阶段的创业企业同样如此,运作资金紧缺会严重影响业务的拓展,甚至可能导致错失良机而难以为继。因此,创业项目启动之后,创业者就必须考虑是否有足够的流动资金来支撑企业的日常运转,防止资金链断裂。如果连续几个月入不敷出或者因为其他原因导致企业的现金流中断,就会给创业目标的实现带来极大的威胁。

 案例故事8-1

26天即破产的新创企业

小周是某科技发展有限公司的创办人。2023年7月,小周从大学毕业后,找到了一份不错的工作。但他没干多久,就选择了辞职,他想利用自己的专业优势,在自主创业之路上有所发展。

2024年初,小周和几个朋友一道筹资30万元,开始创办自己的公司,主营网站建设开发等项目。"将一件平凡的事做好就不平凡,将一件普通的事做好就不普通——这是我们公司的宗旨。"公司成立当天,小周和他的创业团队信心满满。

公司先后招聘了十多名员工,大多数都是在校大学生。他们努力开拓市场,但是经营公司和工作完全是两回事。短短20天的时间,小周等人就感到了压力,流动资金紧缺成了这家刚刚起步公司面前的"拦路虎"。

为了解决资金紧缺问题,小周和他的伙伴们顾不上吃饭和休息,拖着疲惫的身体跑银行,但是就是贷不到款。"原因很简单:现在的我们一没有房子、汽车作为抵押,二没有人愿意做担保。"小周说。

困境之中,小周和他的创业团队没能挺过来。无奈之下,小周和伙伴们做出了让公司破产的决定。此时,距他的公司注册成立,仅仅26天。

运作资金紧缺对新创企业来说是致命的。资金短缺导致创业失败的情况通常有两种。

（1）出现融资缺口。有些创业者完全可以证明其创业项目的可行性,但因为缺乏必要的运作资金,很难将项目坚持做下去。在这种情况下,如果贸然启动项目,又不能及时融资,弥补资金缺口,就会给新创企业带来较大的资金风险。

（2）出现财务缺口。对于某些创业项目而言,如果中期投资不能足额到位,导致技术迟迟不能产业化,其技术价值将随着时间的推移而不断贬值,核心竞争力将不复存在,很有可能被后来的竞争对手超越,从而使初始研发投入付诸东流。一些业务快速扩张的企业,如果不考虑自身的财务状况而盲目扩大投资,在准备不充分的情况下仓促开始新的项目,很可能导致企业财务状况迅速恶化。

（三）资源缺口无法弥补

资源是一切可被人类开发和利用的物质、能量和信息的总称。创业资源是指创业者在创业过程中拥有、控制或整合的各种有形、无形的要素与要素组合,是创业依赖的资本,主要包括科技资源、人才资源、市场资源、政策资源、信息资源、财务资源、经营管理资源等多种类型。在创业过程中,创业者需要有各种生产要素和资源条件的支撑,创业者只有对这些要素和条件进行有效控制和整合,形成产品或服务,才能创造出新的价值。

巧妇难为无米之炊,创业同样如此。在创业项目持续推进的过程中,若缺少与项目配套的各种资源条件,创业者将无从下手,一筹莫展。在很多情况下,创业者往往并不完全拥有创业项目运作所需的全部资源,这就造成了资源缺口。如果创业者没有能力弥补相应的资源缺口,要么创业无法起步,要么在创业进程中受制于人,很容易在创业过程中遭遇资源风险,造成损失。

 案例故事 8-2

"平菇达人"之梦的破灭

大学毕业后,小戴成为成千上万的"打工族"中的一员。由于年轻、技术娴熟,很快,她就在一家有 500 多名工人的鞋厂里站稳了脚跟,每月都能领到 5 000 元的工资。

在外打工的生活,一切都是按部就班,可每当夜深人静的时候,小戴就会莫名其妙地陷入迷茫。"挣钱再多也是给别人打工,我感觉自己始终在漂泊。我想自己干,活出自己的精彩。"小戴说。

于是,她一有空就前往市场进行调研,了解当地人的生财之道。经过半年多的观察,小戴发现蔬菜市场里平菇不同于一般蔬菜,种植的人相对较少;而自己的老家距离县城较近,区位优势明显,种植平菇的人几乎没有,市场前景广阔。发现这一点后,小戴回乡种平菇的念头越来越强烈。

春节前夕,归心似箭的小戴回到了湖南老家。为实现心中的创业梦,她购买了大量的菌种培育书籍。通过几个月的自学,她觉得自己技术上没问题了。不久,她便在离县城不远的地方投资 20 多万元,租地建起了一排蘑菇厂房,开始大批量种植平菇。凭着自己吃苦耐劳的精神,小戴相信自己早晚会成为远近闻名的"平菇达人"。

8

可是,由于小戴没有参加过菌类种植技术的培训,也没有向经验丰富的技术人员请教,搞清楚配料比例,第一次菌种培育就出现了菌丝体发育不成熟,导致无法"出菇"的问题。被扔掉的菌种有几千袋,损失惨重。

自身技术不过关,又没有专业人士的指导,小戴的"平菇达人"之梦破灭了。

（四）经营管理不善

在创业过程中,创业者经营管理能力不足或决策失误导致创业失败的案例屡见不鲜。在企业经营管理过程中,创业者不能仅凭自己的个人偏好来决策,也不能仅凭经验、感觉或运气来决策。可以说,创业者的专业知识、领导能力、管理经验等素质对企业的运营与管理、团队组织与建设、项目的顺利推进和企业运转都起着至关重要的作用。如果创业者管理素质欠缺,就会增加创业失败的风险。

管理决策水平的高低对创业的成败影响巨大。据智库统计,世界上破产倒闭的大企业的失败,85%是企业家决策失误导致的,新创企业更是如此。有的创业者虽然技术出类拔萃,但营销、沟通、管理方面的能力不足,导致企业内部组织机构不完善、分工不明确、协调困难、工作效率低下、危机处理不当,造成决策随意、急功近利、盲目跟风等问题。创业者知识结构单一、经验不足、资金实力和心理素质明显不高等问题更会增加管理上的风险。

 案例故事 8-3

小蒋的创业失败经历

小蒋是从经营一家小店开始创业的。经过三年的努力打拼,他创立了自己的餐饮连锁品牌公司。随着经营规模的扩大,事情越来越多,于是他把重要的岗位都交由自己的亲属担任。他先是请来姐姐负责采购,没多久就出现了问题;他又请来自己的父亲来做采购,可问题依然没有解决;更严重的是,他聘请一个表哥做企业的财务负责人,这个表哥竟在他毫不知情的情况下私自转移了公司的大量资产,给公司造成了严重的损失,直接导致了公司的破产。

（五）创新能力不足

创业成功者的共同特质首先是创新能力。如果创业者创办的企业和其他同行没什么差异,是同质化的,在残酷的市场竞争中肯定只有打价格战。而新创企业明显处于劣势,是没有生存能力的。

 小贴士 8-1

众多创业企业的成功经验之一,就是将技术、管理、财务、营销等方面的专业人才有机组合,形成团队的整体优势,为创业企业奠定坚实的组织基础。那种由个别人包揽一切、集众权于一身的家长式管理,往往会因个体管理水平不高、管理模式不佳等,导致创业项目夭折。

创新带来的差异化可能是在技术上,可能是在商业模式上,也可能是在管理上,反正就是要跟别人不一样。

创业者的创新能力不足会直接导致企业缺乏核心竞争力。核心竞争力是使企业在竞争中处于优势地位的关键能力,是其他对手很难或者无法具备的能力。新创企业具备核心竞争力,可以为创业者带来长期的竞争优势和超额利润。

核心竞争力表现为创业者发现了过去未被满足的消费需求、产品有特殊功效、拥有可以造成局部垄断的专利技术、发现和打造了新的市场、产品设计有足够的魅力等。

企业的核心竞争力源于创业者的创新能力,企业核心竞争力的培育和建设取决于创业者的持续创新能力。对于具有长远发展目标的创业者来说,其目标是不断发展、壮大企业,如果持续创新能力不足,企业缺乏核心竞争力,就会面临重大风险。创业者持续创新的能力在创业之初可能不是最重要的,但要谋求长远发展就是最不可忽视的。没有创新能力、缺乏核心竞争力的企业终究会被淘汰出局。

（六）创业团队分裂

新创企业大多是弱小的,它们的诞生和成长主要依靠创业团队。优秀的创业团队能使新创企业迅速发展壮大,但团队的力量越大,团队对企业的影响越大,若团队管理不善,导致核心团队成员流失,极有可能对企业的发展产生不良影响。

小贴士 8-2

创业团队风险的主要表现形式如下：① 没有共同的愿景；② 角色定位不合理；③ 不团结,不和谐；④ 缺乏纪律,各自为政。

（七）市场竞争残酷

市场经济条件下,各行各业都存在激烈的市场竞争,任何企业都要面向市场参与竞争。如何面对市场竞争是每个创业者都要考虑的问题。创业者在选择创业项目、构建商业模式、勾画创业愿景时,都是基于一定的业务经营环境及对市场占有率、经营业绩的预测,其中最重要的预测就是关于消费者对产品(或服务)的接受程度、企业的市场营销能力等的预测。尽管在选择项目时,创业者已经按照相应标准进行了认真筛选,但新创企业提供的产品(或服务)无论是根本性的创新、改进性的创新还是模仿,对消费者来说都是陌生的,因此,市场对其都会经历从了解、选择到最后接受的过程。企业经营业绩也会因此出现波动,时常会出现实际经营业绩偏离预期目标的情况。

实践证明,市场竞争残酷是导致新产品或新技术商业化、产业化过程中断甚至失败的核心风险之一。一方面,许多创业者在选择项目时由于对市场信息缺乏必要的了解,盲目预设自己的产品不愁销路,高估了市场需求和自己的营销能力,当产品投放市场后才发现真正的有效需求与预期目标相差太多,产品滞销,导致创业失败。这样的案例比比皆是。另一方面,有的创业者由于缺乏创业项目的相关经验,对市场扰动因素(竞争加剧、消费者购买力下降、通货膨胀或紧缩、原材料供应紧缺、反垄断指控等)考虑不周。这也容易导致创业失败。

 案例故事 8-4

天喔的破产经历

"健康美丽喝啥哟,天喔蜂蜜柚子茶!"这句熟悉的广告语会让人想起天喔集团曾经的辉煌:2003 年,天喔武汉公司的销售收入在华中市场排名第二;2013 年,依靠当红明星代言,并冠名湖南卫视综艺节目《百变大咖秀》,天喔国际年营业收入超过 50 亿元,而蜂蜜柚子茶在其中占据了绝大部分份额。

但 2018 年,天喔国际年亏损约为 41.74 亿元;2019 年,天喔国际被港交所取消上市,天喔武汉公司的资金链断裂;2020 年,天喔武汉公司拖欠银行贷款、供应商货款、数百名职工工资及社保,债务总额高达 12 亿元,被列为失信被执行人;因严重资不抵债,天喔在武汉的三家公司申请破产,2020 年 7 月 2 日,经法院裁定,三家公司合并破产清算。

天喔国际沦落到破产,一方面是因为公司内部出现了财务问题。巨额款项不知所踪,而董事会竟毫不知情,还出现了董事长被带走调查等事件。另一方面则是因为天喔的产品布局及经营策略。主流消费群体的饮品消费需求在不断变化,椰奶、果汁、功能饮料、豆奶、核桃乳等不断侵占茶饮市场份额。但天喔的饮品布局以蜂蜜柚子茶为主,其他的饮品市场反响平平,品种过于单一。同时蜂蜜柚子茶依靠明星代言和广告获得市场,但明星代言成本较高,同时产品可替代性较强,其他品牌也相继推出柚子茶系列产品,导致天喔蜂蜜柚子茶的销量逐渐下滑。

因债务金额大,案件涉及面广,相关单位迅速组成了破产专班。鉴于与上下游合作客户业务往来紧密,依然具备正常的生产经营能力,天喔品牌具有较高的知名度和附加值,天喔武汉公司得以破产重整。2023 年 8 月 7 日,天喔蜂蜜柚子茶恢复生产。

(八) 法律意识不强

法律对企业的经营行为具有强制约束力。虽然在市场经济条件下,受市场规律和竞争机制的影响,创业者为争夺市场份额,都希望获得更大的经营活动自由,但其创业活动必须在国家法律的

● 8-1

文本:创业者容易忽视的十大法律风险

8

规范下进行。另外,国家的宏观货币政策、财政政策、行业发展规划等在不同时期会根据宏观环境的变化而改变,这必然会影响到企业的经营行为和经济利益,从而导致创业风险。

在创业过程中,一些创业者缺乏对法律知识的了解,对经营的相关手续并不十分清楚,没有意识到潜在的法律风险隐患,往往以感情代替规则,以主观判断代替理性思考,以投机心理和冒险行为代替理性的法律思维,做一些自认为合理却不符合法律规定的事情,以致付出惨痛的代价。有的创业者在签署合同、洽谈业务时,没有很好地运用法律武器来保护自己,被对方钻了空子,吃了"哑巴亏";有的注册、经营企业的手续不全;有的涉嫌非法经营;有的侵犯了他人的合法权益,不仅导致创业失败,甚至可能承担民事、行政及刑事责任。

（九）技术故障

对于一些偏重技术的新创企业而言,技术力量是否强大、员工操作是否娴熟、员工经验是否丰富等都会直接影响企业的生存状况。技术不成熟或进步太快而导致创业失败的案例也并不少见。

（十）企业信誉受损

企业信誉是指企业在市场经济运行中获得的社会公认的信用和名声。信誉是企业的无形资产,是企业在市场经济中获得竞争优势的法宝。客观环境因素的影响和创业者经营管理不善会导致企业信誉受损,给企业的经营造成严重的不良影响。据有关调查,导致企业信誉受损的主要问题包括:① 拖欠货款、贷款、税款;② 违反合同约定;③ 价格欺诈;④ 生产、销售假冒伪劣产品;⑤ 侵犯他人商标权和专利技术;⑥ 侵犯他人的商业秘密;⑦ 发布虚假广告。同时,员工信誉意识淡薄、服务质量低下、欺骗消费者、企业社会责任缺失等,都会使企业面临信誉受损、经营举步维艰的困难局面。

小贴士 8-3

常见创业风险的主要成因——"六不":① 创业准备不足;② 市场应变不灵;③ 内部管理不善;④ 资金运作不良;⑤ 技术技能不精;⑥ 法律意识不强。

8

单元二　管控创业风险

问题导学

1. 创业过程中的风险真的能被防范吗?
2. 如何提前发现创业风险因素?
3. 如何化解创业风险?

案例导入

产品质量不佳致使创业失败

小韩从某高职院校的电气自动化控制专业毕业后,与朋友合作开发了一种新产品——计算机远程控制全色护栏灯。小韩判断该产品应用范围广,市场前景广阔,便与朋友共同注册成立了一家公司,专门生产和推广这种新产品。他们刚刚生产出样品,就有客户找上门来。看到计算机模拟演示效果后,客户便与公司签订了一个很大的工程订单。由于工期较紧,公司直接开始大批量生产,并投入工程安装。但当工程安装完毕后,在调试过程中,他们发现这种计算机远程控制全色护栏灯的抗干扰性能不过关,客户要求退货,给公司造成了极大的经济损失。

小韩的创业团队没有进行充分的产品可靠性检验,没有经过模拟现场工况的检验,就投入大规模生产,这是该项目失败的根本原因。

创业过程中充满风险,如何规避与防范可能出现的风险,是每一个创业者都十分关注的问题。既然创业过程中的风险不可避免,那么直面风险并正确应对,就是创业者的一项十分重要的任务。

一、创业风险的管控流程

创业风险具有不确定性,但这并不代表创业者在风险来临时无能为力。创业者可以通过风险识别、风险评估、风险预警、风险预防和应对、风险管控效果评估等步骤对创业风险进行有效管控。创业风险具有动态变化的特性,因此,风险管控的流程

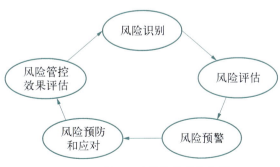

图 8-1　创业风险管控流程示意图

也是循环往复的。通常,创业风险的管控流程如图 8-1 所示。

(一) 风险识别

风险识别是风险管控的第一步,也是风险管控的基础。只有识别了风险,才有可能控制和化解风险。风险识别是创业者根据企业的经营活动,对面临的现实风险及潜在风险运用各种方法加以判断、归类并鉴定风险性质的过程。风险识别一方面可以通过感性认识和经验进行判断;另一方面则可以依靠对各种客观因素,如会计、统计资料进行归纳、整理和分析发现各种风险因素。风险识别一般包含两个环节。① 感知风险。了解各种风险事故隐患,例如,在仓库设施风险中,可能致损的风险事故有火灾、失窃等。② 分析风险。分析引起风险事故的各种因素,例如,可能引起火灾的因素包括化学反应、电线老化短路、自燃等。

拓展阅读 8-3

风险识别工作具有系统性、动态性、全员性、信息性和综合性的特点,在具体工作中应遵循五个原则。

1. 全面周详原则

为对风险进行识别,创业者应该全面系统地考察、了解各种风险事件发生的概率,以及可能导致损失的情况。

2. 综合考察原则

创业风险十分复杂,可能包含不同类型、不同性质、不同危害程度的各种风险,这使得单一的分析方法往往难以奏效。因此,宜根据综合考察的原则识别创业风险。

3. 量力而行原则

风险识别的目的在于为风险管理提供前提和决策依据,确保以最小的代价获得最大的安全保障,减少风险损失。因此,在经费和其他条件受限的情况下,创业者应根据自身的实际情况和财务承受能力,选择效果最佳、费用最省的识别方法。

4. 科学计算原则

识别创业风险的过程,就是对企业生产经营状况及其所处环境进行量化评估的过程。对风险的识别和衡量要以严格的数理统计分析作为工具,在综合评估的基础上,通过统计分析,形成较为科学合理的分析结果。

5. 系统化、制度化、经常化原则

风险识别是风险管控的前提和基础。识别的准确与否很大程度上决定了风险管控效果的好坏。为了保证分析的准确性,应该进行全面系统的调查分析,对风险进行综合归类,揭示其性质、类型及后果。如果没有科学系统的方法来识别和衡量,就不可能对风险有一个总体的清晰认识,就难以确定哪些风险是可能发生的,也不可能合理地选择控制和处置的方法。风险的识别和衡量还是一个连续不断的、制度化的过程。

风险识别是创业风险管理过程中最基本和最重要的程序,风险识别是否全面、深刻,将直接影响到风险管控的最终效果。风险识别不仅要识别当前所面临的风险,更重要的也是最困难的是识别创业过程中的各种潜在风险。由于创业风险具有可变性,因此,创业风险识别工作应该经常地、系统地进行,成为一项持续性、制度化的工作。

(二) 风险评估

风险评估是在风险识别的基础上,结合其他相关因素对可能出现的风险进行全方位的评估,主要评估风险发生的概率大小、风险危害程度,以决定是否需要采取相应措施。风险识别是对可能发生的风险内容进行识别并做简单的分析,风险评估则是对可能发生的风险进行全方位的定量分析,以帮助创业者做出正确决策。

●8-2

文本:常见创业失败案例及风险规避方法详解

(三) 风险预警

所谓风险预警,就是在风险来临之前,创业者根据内外环境的变化,利用各种技术手段监控企业经营状况的变动情况,对风险进行及时预警以便争取时间,并采取适当策略来应对创业风险的活动。对于新创企业来说,风险预警,尤其是建立重大风险事件预警机制显得尤为重要。风险预警主要有两项任务,即捕捉迹象和传递信息。在创业风险事件发生早期,风险信号十分微弱,极易被创业者忽视。因此,创业者应该建立完备的预警机制,全面分析各种风险信号和因素;同时,还应建立起完善的信息传递系统,这样,一旦发现风险信号,就能将其准确、及时地传递给相关人员并做出应对措施,以防风险事态扩大。

(四) 风险预防和应对

为避免造成大的损失和严重后果,当在风险预警阶段发现风险信号时,就应该加大风险预防和应对工作的力度。风险预防是采取有效措施,以减小损失发生的可能性的活动;风险应对是在风险发生后采取有效应对策略以降低风险损失的活动。风险预防并不一定是在风险信号出现后进行的,在风险信号还未出现时就可以预防;风险应对则只能在风险信号出现后及时采取有效措施进行。风险预防和应对的重点通常是发生概率大、造成损失严重的风险事件。对新创企业而言,应该建立完善的风险预防体系和应对机制,尤其要保证充足的人力和物力供应,以备不时之需,做到有备无患。

(五) 风险管控效果评估

风险管控效果评估是指对风险管控方法的合理性和实施结果

8

进行检查、分析、评估和修正的过程。风险管控是一个持续不断的过程,需要创业者随时对风险管控的效果进行评估,以保证风险管控的方法和手段符合预期目标,并通过风险管控效果的评估和调整总结风险管控过程中的经验教训,为下一步改进风险管控奠定基础。

二、管控的原则和方法

任何投资都是风险和机遇并存的,有投资价值的创业机会同样存在风险。在创业过程中,创业者时刻面临着市场的变化,在激烈的市场竞争中,往往不进则退。因此,创业者不但要有风险意识,更要学会识别风险,理性处置风险因素,直面风险,化解危机,才可能在市场竞争中越战越勇,闯出属于自己的一片天地。

(一)风险管控的原则

1. 预防为主原则

风险管控的最高境界在于防患于未然,将风险消灭于无形之中。尽管创业风险是客观存在的,但这并不等于它不能预防和控制。因此,创业者需要明确风险防范的重要

性,全面、详细、准确收集企业的风险信息,去伪存真,保证信息准确,并且将其及时传递到位,以便做出正确决策,将创业风险消灭在萌芽状态,防止小问题演变为大灾难。

2. 及时行动原则

风险管控要求在风险信号出现之后立即做出正确决策并迅速采取行动,否则将加大风险损失,甚至导致创业失败。

3. 弹性调整原则

迅速采取行动是降低风险的有力措施。但在风险来临之后,创业者应该正视风险信息,正确判断风险程度和可能导致的损失,并迅速采取针对性措施加以应对,及时评估行动效果。行动不能解除风险甚至会加大风险时,需要创业者灵活调整,改变行动措施来遏制风险的恶化。

4. 分散风险原则

新创企业承担风险的能力通常是有限的,需要采取措施分散风险。创业者应该审慎选择创业项目以降低风险;联合其他人共同投资,在获取资金和管理经验支持的同时转移部分风险。

(二)风险管控的方法

1. 风险回避

风险回避是创业者考虑到风险存在和发生的可能性,主动放弃风险行为,避免特定的风险损失发生的方法。简单的风险回避是最消极的风险处理办法,因为创业者在放

弃风险行为的同时,往往也放弃了某些潜在的收益。一般只有在以下情况下才会采用这种方法：① 对该类风险极端厌恶；② 存在可实现同样目标的其他方案,且其风险更低；③ 无力消除或转移风险；④ 无力承担该风险,或承担风险得不到应有的补偿。

2. 风险控制

风险控制是通过采取多种措施和方法,减小风险事件发生的可能性,或者减少风险事件造成的损失的活动,包括损失预防和损失抑制。损失预防是指在风险可能发生之时或风险出现之前,做好各种应对措施的活动；损失抑制是指采取多种措施,在分析风险的基础上采取对抗性的积极措施,以减少风险发生的可能性及相关损失的活动。损失控制包括事前、事中和事后三个阶段。事前控制主要是为了降低损失出现的概率,事中和事后控制主要是为了减少实际发生的损失。

3. 风险转移

风险转移即将风险及其可能造成的损失以一定的方式转移给另一方的管控方法。风险转移主要有两种形式。① 合同转移。通过签订合同,可以将部分或全部风险转移给一个或多个其他参与者。② 保险转移。保险转移是使用最为广泛的风险转移方式,有时可大大降低风险程度。

(三) 创业风险管控

1. 市场风险管控

在选择项目时,创业者应充分做好市场调研和前期准备,选择适合自己的项目。创业者应以市场及消费者的需求作为创业的出发点,时刻关注市场变化,定期广泛收集市场情报,并加以分析比较,制定有效的市场营销策略；摸清竞争对手的底细,找到其营销思路与弱点；对各种开支精打细算,杜绝浪费；开拓符合自身产品特点的销售渠道。

2. 财务风险管控

创业者应强化成本意识,低调踏实做事,不讲排场,适度控制经营规模。在企业起步阶段,经营场地不宜过大,够用就行。在项目运营与日常管理中,创业者应做好成本核算和财务风险管控工作,读懂财务报表,注意还款日期,维持良好信用；尽可能减少固定资产投资,固定资产添置得越多,投资风险越大。

3. 人力资源管理风险管控

对于新创企业,创业者从一开始就应该注重组织机构的设置,建立健全各项规章制度,并打造企业文化。新创企业应逐步完善员工选择标准,综合考虑其技术能力和合作能力两个方面的因素；

小贴士 8-4

创业风险防范对策：

(1) 项目选择须慎重；

(2) 资金管理要科学；

(3) 技术准备应充分；

(4) 经营管理讲规范；

(5) 团队建设是关键。

8-3

表格：创业企业风险的主要来源与管控措施一览表

8-4

文本：大学生创业的常见风险与防范对策

8

寻找最能胜任工作的员工,并为其安排相应的岗位;建立合理的信息沟通及汇报制度,提升内部的凝聚力;熟悉创业团队中各个成员的素质及个性特征,做到人尽其才;平等而友好地对待新员工,使其早日适应工作环境,进入工作角色。

4. 技术风险管控

创业者应综合考虑企业的技术能力和资金量,审慎选择技术获取途径。若选择引进技术,则应在引进技术前对所引进技术的先进性、经济性和适用性进行深入细致的评估;加强对员工的技术培训,提高员工对高科技设备的操作熟练度,减少不必要的技术风险损失。

三、正确对待创业挫折

创业过程充满风险,新创企业在经营过程中随时面临着被市场淘汰的可能性。在创业过程中,创业者遭受挫折是司空见惯的事。既然创业挫折是一道绕不过的坎,那就只能正确面对它。

(一) 从容面对创业挫折

1. 正确预估创业挫折

创业中最大的风险是创业者缺少风险意识。一个成功的创业者首先要做好面对创业挫折的心理准备。创业之初,创业者就应对创业失败可能带来的经济及心理压力做合理预估。在经济方面,创业资金杠杆率不宜太高,比如,你只有10万元的资金偿付能力,你就不要选择资金需求超过10万元的创业项目,不能因为创业失败而使自己及家人陷入生活极端困难的境地。在心理方面,要做好应对挫折的心理准备。

2. 将创业挫折当作财富

事物都是具有两面性的,挫折也一样。它在给人以打击的同时,也能使人奋进。面对挫折,创业者不能消极地忍耐或回避,而应正视它,积极寻求战胜挫折的有效途径,抚平伤痕,向人生的目标继续前进。在失败和不幸面前,古今中外的杰出人物无不选择了发愤图强,奋起与人生的逆境抗争,做生活的强者,通过自己的艰苦奋斗,最终赢得命运的青睐。俗话说,"失之东隅,收之桑榆"。面对创业挫折时,只要创业者冷静分析失败原因,努力找到解决问题的方法,挫折就会变成创业路上,甚至人生路上不可或缺的财富。

(二) 摆脱创业挫折带来的不良情绪

1. 战胜自我

要战胜挫折,首先要战胜自我。创业好比赶路,路上我们可能

小贴士 8-5

创业者必须在风险和收益之间进行抉择和权衡,不能为了收益而不考虑风险,也不能因害怕风险而错失良机。正确的做法是在管控好风险的前提下,努力实现创业的预期目标。

8

会遇到冰河阻挡,如果我们能克服胆怯和犹豫,勇敢地踏着浮冰越过河流,就可以继续前行。而如果我们前瞻后顾,不敢举步,最终只能在原地打转。

2. 调整目标

挫折总是跟目标连在一起的。当遭受创业挫折时,首先应当客观全面地分析遭受挫折的原因,如果觉得自己思路不够清晰,可以请比较在行的亲朋好友帮忙,也可以咨询专业管理机构,再根据受挫原因制订可行的改进方案,重新调整目标,使既定目标与主客观资源相匹配。

3. 摆脱不良情绪

许多创业者遇到挫折会产生悲观、失望的不良情绪,此时应该采取积极的方法释放和缓解负面情绪,不要将它压在心里。向亲友倾诉,投身健康的业余爱好、体育活动,甚至在野外大喊几声,都是消除不良情绪的好方法。

4. 将挫折当作"镇静剂"

创业挫折可以激发创业者的进取心,促使创业者为改变境遇而奋斗;它能够磨炼创业者的意志,帮助创业者增强创造力和创新思维。同时,挫折也是"镇静剂",能促使创业者迅速冷静。学会反省对创业者而言尤其重要。

5. 提高心理素质

良好的心理素质对于战胜挫折尤为重要。要提高抗压能力,善于化压力为动力,保持积极乐观的生活态度;要能容忍挫折,学会自我宽慰;要心怀坦荡,情绪乐观,满怀信心。

课堂活动 8-1

分 组 讨 论

1. 根据全班同学的总人数确定分组数,每组以 4～6 人为宜。教师为每个小组准备一份创业风险分析与防范对策工作一览表(表 8-1),在课堂上分发给各组同学。

表 8-1　创业风险分析与防范对策工作一览表

创业团队名称		创业项目	
团队成员		业务范围	
序号	创业风险	风险因素分析	防 范 措 施
1	项目风险		
2	资金风险		
3	资源风险		
4	管理风险		

8

（续表）

序号	创业风险	风险因素分析	防 范 措 施
5	团队风险		
6	竞争风险		
7	环境风险		
8	技术风险		
9	信誉风险		
10	其他风险		

2.同一小组的同学围坐在一起,各小组分别自行拟定一个创业项目。以小组为单位进行分工,集体讨论,并完成创业风险分析与防范对策工作一览表的填写。

思考与练习

（一）回顾总结

1. 通过本专题的学习,我懂得了: _____

_____

_____。

2. 通过本专题的学习,我掌握了: _____

_____

_____。

（二）案例分析

1991 年 7 月,史玉柱在珠海成立"珠海市巨人新技术公司",后又升格为"珠海市巨人高科技集团公司"。1993 年 7 月,它已成为中国第二大民营高科技企业。1994 年初,巨人大厦动工,在众人的热捧下,这座大厦由最初计划的 18 层跃升为 70 层,投资也从最初的 2 亿元增加到 12 亿元。史玉柱以集资和卖楼的方式筹款 1 亿元。1995 年,该公司把 12 种保健品、10 种药品、10 款软件一起推向市场,投放广告费用 1 亿元。1996 年巨人大厦资金告急,史玉柱把保健品业务的全部资金调往巨人大厦,保健品业务因资金"抽血"过量,迅速转衰。1997 年初,巨人大厦未能按期完工,各方债主纷纷上门,巨人集团资金链彻底断裂,只完成了首层大堂(相当于三层楼高)的巨人大厦被迫停工,巨人集团名存实亡。随着"巨人"倒下,负债 2.5 亿元的史玉柱黯然离开广东。

"巨人"倒下的原因是什么? 从风险防范的角度看,如果你是史玉柱,你该怎么做?

（三）课后实训

以 2～4 人为一小组,设计访谈提纲,寻找一位创业者或企业家,了解他在创业和企业经营过程中遇到过哪些风险,采取了哪些措施来防范和化解风险。访谈过程中应做好记录,任务完成后提交相应音频及文字资料。

主要参考文献

［1］ 李大元,王丁,傅颖竹.数字创新创业管理[M].北京:清华大学出版社,2024.

［2］ 薄赋徭.创新创业基础[M].3版.北京:高等教育出版社,2024.

［3］ 田丰,胡剑英,尹晓伟.大学生创新创业基础[M].北京:中国人口出版社,2023.

［4］ 刘露.从创意到创业:大学生创新创业实践指导[M].合肥:合肥工业大学出版社,2023.

［5］ 李丹丹,李立威.大学生互联网＋创新创业优秀案例选辑:第2辑[M].北京:中国经济出版社,2023.

［6］ 赖先志,郑栋之.大学生创新创业实践指导教程[M].成都:电子科技大学出版社,2019.

［7］ 李家华,刘农责,焦新伟.新编大学生创新与创业教程[M].天津:南开大学出版社,2018.

［8］ 陈智刚,罗建华,茹华所,等.大学生创新创业基础[M].北京:高等教育出版社,2018.

［9］ 杨羽宇,孙双林,黄东兴.创新创业教育基础[M].长春:吉林大学出版社,2018.

［10］ 许勋恩.创业基础[M].厦门:厦门大学出版社,2017.

［11］ 张洪潮,武佐君.创业基础[M].上海:上海交通大学出版社,2017.

［12］ 马莹,单学亮,马光波.大学生创新创业基础[M].沈阳:东北大学出版社,2017.

［13］ 汪卫星,李海波.开创精彩人生:大学生创新创业教育[M].北京:北京邮电大学出版社,2017.

［14］ 蒋键.创业管理与实务[M].上海:上海交通大学出版社,2017.

［15］ 张丰河.大学生创新创业[M].南京:东南大学出版社,2016.

［16］ 殷朝华,许永辉,翁景德.大学生创新创业基础[M].上海:上海交通大学出版社,2016.

［17］ 张建华,冯瑞.大学生创新创业指导教程[M].上海:上海交通大学出版社,2016.

［18］ 黄海荣.大学生创新创业教育指导[M].上海:上海交通大学出版社,2016.

［19］ 龙柒.世界上最伟大的50种思维方法[M].北京:金城出版社,2016.

［20］ 景宏磊,李海婷.创新引领创业:大学生创新创业教程[M].东营:中国石油大学出版社,2016.

［21］ 李建峰.企业管理实务[M].北京:北京理工大学出版社,2016.

［22］ 李泽虹,李晓颖.梦想起航:大学生创业指导[M].东营:中国石油大学出版社,2015.

［23］ 李根艳.大学生职业生涯规划与创业指导[M].武汉:武汉大学出版社,2014.

［24］ 杨凤.创业理论与实务[M].北京:清华大学出版社,2014.

［25］ 刘万韬.大学生创新与创业教程[M].天津:南开大学出版社,2013.

［26］ 杜俊峰.大学生就业与创业指导[M].天津:南开大学出版社,2012.

［27］ 黎娜.清华北大学生爱做的1 500个思维游戏[M].北京:中国华侨出版社,2010.

［28］ 问道,王非.思维风暴[M].北京:华文出版社,2009.

教学资源服务指南

高等教育出版社

感谢您使用本书。为方便教学，我社为教师提供资源下载、样书申请等服务，如贵校已选用本书，您只要关注微信公众号"高职素质教育教学研究"，或加入下列教师交流QQ群即可免费获得相关服务。

"高职素质教育教学研究"公众号

资源下载：点击"**教学服务**"—"**资源下载**"，或直接在浏览器中输入网址（http://101.35.126.6/），注册登录后可搜索下载相关资源。（建议用电脑浏览器操作）

样书申请：点击"**教学服务**"—"**样书申请**"，填写相关信息即可申请样书。

样章下载：点击"**教材样章**"，可下载在供教材的前言、目录和样章。

师资培训：点击"**师资培训**"，获取最新直播信息、直播回放和往期师资培训视频。

联系方式

职业素养和创新创业教师交流QQ群：310075759

联系电话：（021）56961310　电子邮箱：3076198581@qq.com